Hutobang Silte Kalh
Daan A Um Sih

Hagau Gah

Hutobang Silte Kalh Daan A Um Sih

Dr. Jaerock Lee

Hutobang Silte Kalh Daan A Um Sih A gialtu Dr. Jaerock Lee
A suahtu Urim Books (Palai: Johnny. H. Kim)
73, Yeouidaebang-ro 22-gil, Dongjak-gu, Seoul, Korea
www.urimbooks.com

A neitu hihna khaam veh ahi. Hi lehkhabu chu a pumpi hi'n a bawngkhat hitaleh a suahtu phalna bei a bangchizawng ahakhat a teisawn ahiai ahihlouhleh electronik, limnamdoh, khumthoh, ahihlouhleh sil dang zanga suahkhiat phal ahi sih hi.

Copyright © 2016 neitu Dr. Jaerock Lee
ISBN: 979-11-263-1298-6 03230
Lehdohtheihna Copyright © 2014 neitu Dr. Esther K. Chung. Phalna toh kizang ahi.

April 2016 a Suahkhiat Masapen

A masa a Korea haam a Urim Books in 2009 kum a, a sut ahi.

Endihtu Dr. Geumsun Vin
A Cheimawitu Urim Books Editorial Bureau
Tanchin kimzaw heetna diingin urimbook@hotmail.com toh kithuzah in.

"Hagau gah ahihleh, lungsiatna, kipaahna, hamuanna, thuaahtheihna, jainemna, hoihna, ginumna, thunuaigolhna, kisuumtheihna, ahi; hutobang silte kalh daan a um sih hi."

(Galatiate 5:22-23)

Thumapui

Khristiante'n Hagau Siangthou gahte, hutobang silte kalh daan um lou, a suang dungjui un zalenna dihtah a tang uhi.

AMichih in amah uh dinmun dungjuia daan leh kivaipuaahna a juih a ngai hi. Hutobang daante chu khainiang amaute kaante banga a ngaih va ahihleh, puaahgih leh gentheihhuai in a ngaihtuah diing uhi. Huleh puaahgih bangmai a ngaihna jiaha duhdahlou leh daanbei a umna a delh va ahihleh, hichu zalenna ahi sih hi. Hutobang silte a, a kibual zoh chiangun, hawm kisahna toh a um diing va, huleh a tawpna diing uh kumtuang sihna in a ngaah hi.

Zalenna dihtah chu kumtuang sihna leh mittui, dahna leh natna zousiah apat suaahtaatna ahi. Huleh hikhu chu hutobang silte hung neisahtu pianken hihna thunun zohna leh hute tunga thuneihna neihna diing ahi. Lungsiat Pathian in bangteng hizongleh gimthuaah diingin ahung deih sih hi, huleh hikhu jiahin Bible ah kumtuang hinna leh zalenna dihtah i neihna diing uh lampi ana gelh hi.

Misualte ahihlouhleh gamsung a daan botsete'n chu police saapte a muh va a um maimai thei sih uhi. Hizongleh hoihtah daan juitute'n hutobang a nuammoh a sahna diing uh a um sih hi, hizongleh amaute police kawm ah kithuahpihna a ngen jel va, huleh police toh a umkhawm chiangun bitzaw a kisa uhi. Huchi mahbangin, thudih a hingte'n bangmah a lau sih uhi huleh zalenna dihtah a nei uhi, ajiahchu Pathian daan chu gualzawlna lampi ahi chih a hesiam uhi. Tuipi a ngapi kizap lehleh leh vaan a mupi leeh tobang in zalentahin a um uhi.

Pathian daan chu a taangpi in sil li in a khen theih hi. Bawl diing, bawl louh diing, kepbit diing, huleh paihmang diing silte ahung hilh hi. Hun hung pai jel in, khovel chu sualna leh giitlouhna toh hung dim deuhdeuh in, huleh hikhu jiahin mi tam semsem in Pathian daan chu puaahgih bangin a ngai va huleh a jui sih uhi. Thuhun Lui hun in Israel mipite'n Mosi Daan a juih louh chiangun nasatahin a thuaah uhi.

Hujiahin, Pathian in hih leitung ah Jesu ahung sawl a, ama'n michih Daan haamsiatna apat in A zalensah hi. Sualna nei lou Jesu chu kross ah a si a, huleh Amah gingta photmah chu ginna tungtawn in hutdam ahi thei diing hi. Mite'n Jesu Khrist a pomna jal va Hagau Siangthou silpiaah ahung tan chiangun, Pathian tate ahung suaah uhi, huleh amaute'n zong Hagau Siangthou puina toh Hagau Siangthou gahte ahung suang thei uhi.

Hagau Siangthou i lungtang a ahung luut chiangin, Pathian a sil thuuhtahte ahung hesiamsah a huleh Pathian Thu dungjuiin ahung hingsah hi. Etsahna diingin, koitobang i ngaihdam theih het louh khat a um chiangin, Ama'n Lalpa ngaihdamna leh lungsiatna ahung phawhdohsah a huleh huh mipa/minu ngaihdam diingin ahung panpih hi. Huchiangleh, i lungtang gilou um chu kintahin i paihmang thei un, huleh hoihna leh lungsiatna toh i heng thei uhi. Hichi bangin, Hagau Siangthou mapuina jala Hagau Siangthou gahte i hung suang chiangun, thudih a zalenna i neih uh chauh hilou in hizongleh Pathian lungsiatna leh gualzawlna luangleet i tang diing uhi.

Hagau gah apat in, bangtan a kisusiang i hiviai huleh Pathian laltouphah toh bangtan a kinaih i hiviai, huleh Lalpa i moupa uh lungtang bangzah a chituh i hiviai chih eimah leh eimah i kienchian thei uhi. Hagau gah i suang tam semsem leh, vaangam a tenna mun vaahzosem leh kilawmzosem ah i luut diing uhi. Vaangam a Jerusalem Thah a i luut theihna diingun, a gah bangzahahakhatte chauh hilou in a gah zousiah i suan diing uh ahi.

Hih lehkhagelh Hutobang Silte Kalh Daan A Um Sih chih in etsahna kichiantah toh kijui Hagau Siangthou gah kuaahte hagaulam umzia chu baihlamtahin ahung hesiamsah hi. 1 Korinthete 13 a

Thumapui

Hagaulam Lungsiatna, Matthai 5 a Hamphatnate toh kiton in, Hagau Siangthou gahte chu ginna kichiantah neihna diinga hung kawhmuhtu ahi. Amaute'n i ginna zotna mun, Jerusalem Thah i tun masangsiah ahung mapui diing uhi.

Geumsun Vin, editorial bureau a director leh a staffte tung ah kipaahthu ka soi a, huleh hih lehkhabu tungtawn a Hagau Siangthou gah kuaahte na hung suangpah a, huchia zalenna dihtah na hung neih a huleh Jerusalem Thah khua leh tui na hung hih chu Lalpa min a ka haamteina ahi.

Jaerock Lee

Pulaahna

Vaangam a Jerusalem Thah juana i ginna lampi va chiamchihna

Tulai khovel ah michih a buai veh hi. Sil tampi neihna diing leh a jalzouna diingin na a tong va huleh a tonggim uhi. Huchi ahihvangin mi khenkhatte khovel paidan hi kawmkawm in amau a siltup a kineih veh va, ahiinlah hih mite'n khatveivei hinkhua mumaltah a hing a hiviaimah chiin a kingaihtuah uhi. Huchiangleh hu mun apat in a hinkhua uh a nung et kiit uhi. I ginna khualzinna lampi ah zong, Pathian Thu toh ei leh ei i kivelchian chiangun kintaha khanna i nei thei un huleh vaan lalgam tunbaih theihna lampi i jui thei uhi.

Bung 1 'Hagau gah suang diingin,' chih in Hagau Siangthou, Adam sualna jiah si, hagau sisa suhingtu toh kisai a hilhchian hi. Hikhu in Hagau Siangthou deihna i juih chianga Hagau Siangthou gahte tampi in i suang thei uh chih ahung hilh hi.

Bung 2 'Lungsiatna' in Hagau gah masapen, 'lungsiatna' toh kisai ahung hilh hi. Huleh Adam puuh nung apat lungsiatna dihlou khenkhatte zong ahung ensah a, huleh Pathian lungkimna lungsiatna lampi zong ahung hesah hi.

Bung 3 'Kipaahna' in kipaahna chu i ginna a dih ahih leh ahihlouh kietchianna diing buuhna piipen ahi a huleh bangjiaha lungsiatna masapen kipaahna i mangsah uh ahiai chih ahung hilhchian hi. Hikhu in kipaahna gah suang diingdan lampi thum, hukhu toh bangtobang dinmun ah zong i kipaah leh nuam theihna, ahung hesah hi.

Bung 4 'Hamuanna' in Pathian toh i kal a hamuanna i neihna diing, huleh eimah leh eimah huleh michih toh i kal a hamuanna i neih theihna diinga sualna baangte i suhchip diingdan a soi hi. Hikhu in lemna i bawl chianga thu hoihte soi diing a poimohdan leh midangte ngaihdan heetsiam a poimohdan ahung hesiamsah hi.

Bung 5 'Thuaahtheihna' in thuaahtheihna dihtah chu lungsim noplouhnate kideeh haat thu a thuaah kenkon chauh hilou in lungtang hoihtah giitlouhna tellou toh thuaahzoh a, huleh huchia hamuanna dihtah i neih chianga gualzawlna thupitah i tan diingdan ahung hilhchian hi. Thuaahtheihna chi thumte: mikhat lungtang henna diinga thuaahtheihna; midangte tunga thuaahtheihna; Pathian toh kisai a thuaahtheihna, chihte ah zong ahung luutpih hi.

Bung 6 'Jainemna' in Lalpa etton diing chih toh koitobangte'n jainemna nei ahiai chih ahung hilh hi. Jainemna ziate ensuh in, 'lungsiatna' toh a kibatlouhnate zong ahung hilh hi. A tawpna ah, Pathian lungsiatna leh gualzawlna muh diingdan lampi ahung ensah hi.

Bung 7 'Hoihna' in Lalpa koimah kinial lou; sialluang sugawp lou leh tha umei phita sumit lou; etton diing ahihna toh hoihna lungtang toh kisai ahung hilh hi. Hikhu in gah dangte leh hoihna kibatlouhnate chu hoihna gah i suang theihna diing leh Khrist gimnamtui i piaahdoh theihna diingun a khen hi.

Bung 8 'Ginumna' Pathian inn zousiah a i ginum chianga gualzawlna i tan diing toh kisai ahung hilh hi. Mosi leh Joseph etton diinga la in, bangtobang mite'n ginumna gah suang ahi viai chih ahung hesiamsah hi.

Bung 9 'Thunuaigolhna' in Pathian mitmuh a thunuaigolhna umzia ahung hilhchian a huleh thunuaigolhna gah suangte umzia ahung hilh hi. Bangchidana thunuaigolhna gah suang diingdan lampi tuamtuam lite etsahna toh ahung hilh hi. Thunuaigolhte gualzawlnate zong ahung hilh hi.

Bung 10 'Kisuumtheihna' in bangjiaha Hagau Siangthou gah kuaahte laha kisuumtheihna chu gah nunungpen a koih ahiai chih leh kisuumtheihna poimoh ahung hilh hi. Kisuumtheihna gah chu a loutheilou sil, Hagau Siangthou gah dang giatte tunga thuneitu ahi.

Bung 11, 'Hutobang silte kalh daan a um sih' chu hih lehkhabu, Hagau Siangthou juih a poimohdan heetsiamna diinga hung panpihtu, huleh a simtute zousiah chu Hagau Siangthou panpihna jala hagau a dim mite kintaha ahung hih diing uh deihsahna thu soitu, thusitna ahi.

Hun sawtpi gingtu i hih jiah ahiai ahihlouhleh Bible thu tampi i heet jiah va ginna thupitah nei i kichi thei sih uhi. Ginna buuhna chu i lungtang uh bangtan in thudih lungtang in i heng viai huleh bangzah in Lalpa lungtang i chituh viai chih chiang ah a heet theih hi.

A simtute zousiah in Hagau Siangthou puina toh a ginna uh a kietchian va huleh Hagau Siangthou gah kuaahte chu tampi a, a suang uh chu ka kinepna ahi.

Geumsun Vin,
Director of Editorial Bureau

A SUNGA THUTE
Hutobang Silte Kalh Daan A Um Sih

Thumapui · vii

Pulaahna · xi

Bung 1
Hagau gah suang diing	1

Bung 2
Lungsiatna	13

Bung 3
Kipaahna	29

Bung 4
Hamuanna	49

Bung 5
Thuaahtheihna	69

Bung 6
Jainemna															89

Bung 7
Hoihna															105

Bung 8
Ginumna															123

Bung 9
Thunuaigolhna													141

Bung 10
Kisuumtheihna													163

Bung 11
Hutobang silte kalh daan a um sih		179

Hutobang Silte Kalh Daan A Um Sih

Galatiate 5:16-21

"Huchiin hi ka soi ahi, Hagau ah um un, huleh tahsa utna na sutaangtung sih diing uhi. Ajiahchu tahsain Hagau adou a, Hagau in tahsa adou hi; sil na bawltumte uh na bawl theihlouh na diingun, hite chu akikalh tuah veu uh ahi. Hizongleh Hagau puuia na um unchu daan nuaia um na hi sih uhi. Huleh tahsa silbawlte chu akilang hi, huchu hite ahi; aangkawmna, kingaihna, thaanghuaina, huuhna. Milimbiaahna, bumna, muhdahna, kihauna, thangsiatna, lungthahna, kilanna, kikhinna, gintuamna, Deihgohna; tualthahna, jukhamna, eltol gualnop bawlna leh huchibang dang dangte ahi; huchibang silbawlte'n Pathian gam aluah sih diing uh, chi-a malaia ka hung hilh taah mah bangin, ka hung hilh khawl hi"

Bung 1

Hagau gah suang diing

Hagau Siangthou in hagau sisa a suhing kiit
Hagau gah suang diing
Hagau Siangthou deihna leh tahsalam deihna
Silhoih bawlna ah i lunglel sih diing

Hagau gah suang diing

Gari heehtu lamsuh a koimah um lou a, a tai chiangin nuam a sa mahmah hi. Hizongleh hutaha a khatvei taina ahihleh, a pilvan mahmah a ngai thouthou diing hi. Hizongleh 'GPS navigation system' kichi a gari vah nei bang a chi diai? Lampi toh bangkim a he diing va huleh puina dih ah a pai diing va, huchiin mang lou in a zotna mun a tung thei diing hi.

Vaan lalgam zotna a i ginna lampi chu hu toh a kibang mahmah mai hi. Pathian a gingta a huleh A Thu a hingte chu, Hagau Siangthou in a veeng a huleh a paina diing uh a hilh malawh hi, huchia hinkhua a daaltu leh hahsatna tampi a pelh theihna diing un. Hagau Siangthou i zotna mun uh, vaan lalgam lampi naipen leh baihlampen ah ahung pui hi.

Hagau Siangthou in hagau sisa a suhing

Mihing masapen, Adam, chu Pathian in A siam a huleh a naahkohawm a hinna hu A hahkhum chiangin hagau hing ahung suaah hi. 'Hinna hu' chu 'vaah masapen a silbawltheihna um' ahi a huleh hikhu chu Adam sung ah Eden Huan a, a um laiin a kipesawn hi.

Ahihvangin, Adam leh Evi in thumanlouhna sual ahung bawl va huleh hih leitung a nohdoh a, a um chiangun, sil zousiah a ngei bang ahi nawn sih hi. Pathian in Adam leh Evi apat in hinna hu tamzaw A lamang a huleh neukhat chauh A nusia a, huleh hikhu chu 'hinna chi' ahi. Huleh hih hinna chi chu Adam leh Evi apat in a suante kawm ah a kipesawn thei sih hi.

Huchiin, naupai lai ha guup ah, Pathian in naungeeh hagau ah hinna chi A koih a huleh lungtang a 'cell' kichi sunggil ah A tuh hi, huchu mihing a diinga a lailungpen mun a um ahi. Jesu Khrist pom loute a diingin, hinna chi chu haichitang a hawng in hoihtaha a tuam a bangmah bawl thei lou a um tobang ahi. Hinna chi natong lou a, a um sung chu hagau si i chi hi. Hagau a sih sungteng, koimah in kumtuang hinna a nei thei sih a ahihlouhleh vaan lalgam ah a chiah thei sih hi.

Adam a puuh nung apat in, mihing zousiah chu si diinga guatlawh ahita uhi. Amaute a diingin kumtuang hinna neih kiitna diingin, a sualnate, a hagau uh sisahtu, uh ngaihdam ahih a, huleh a hagau uh sisa chu suhing ahih diing ahi. Hikhu jiahin lungsiattu Pathian in hih leitung A Tapa neihsun Jesu chu sual thoihna diingin ahung sawl a huleh hutdamna lampi a hong hi. A umdan chu, Jesu'n mihing zousiah sualna A lamang a huleh kross ah i hagau sisa suhhing kiitna diingin A si hi. Amah chu lampi, thudih, huleh hinna, mi zousiah in kumtuang hinna ahung neihna diingun, ahung hi hi.

Hujiahin Jesu Khrist i Hundampa diinga i hung pom chiangun, i sualnate uh ngaihdam ahi; Pathian tate i hung hi va huleh Hagau Siangthou silpiaah i hung tang uhi. Hagau Siangthou silbawltheihna toh, hinna chi, a hawng khauhtahin a tuam zing chu, ahung khanglou a huchiin ahung ahung thathou hi. Hikhu hagau sisa hung hing kiitna hun ahi. Hikhu toh kisai in Johan 3:6 in hichiin a chi hi, "....Hagau a piang chu hagau ahi." Haichi tang chu tui leh nisa toh chawm ahih chiangin ahung meengdoh a, a khang hi. Huchi mahbangin, i hagau ahung khanna diingin, Pathian Thu, hagaulam tui, i heet diing uh ahi, huleh Pathian Thu, hagaulam vaah, dungjui a i hin diing uh ahi.

Hagau Siangthou i lungtang a hung luut in sualna, dihtatna,

huleh vaihawmna toh kisai hung hesah hi. Ama'n sualnate leh daanbeinate paihmangna huleh dihtatna a hinna ah ahung panpih hi. Ama'n silbawltheihna hung piaah in huchiin thudih ah i ngaihtuah, haam, leh gamtang thei in ahung i um uhi. Ama'n zong ginna hinkhua ah ginna nei in huleh vaan lalgam diinga kinepna ahung koih a, huchiin i hagau hoihtahin ahung khang hi. I heetsiam semna diingun tehkhinthu khat ka hung pe diing hi.

Inkuan nuamsatah sung a kienkol naupang khat a um hi chi phot ni. Ni khat taang tung ah va kaltou in huleh gam kilawmtah mu in "Yahoo!" a chi hi. Hizongleh huzoh in, mikhat a thusoi bangchet in, "Yahoo!" a chi hi. Limdang sa in naupangpa'n, "Koi na hiai?" chiin a dong a huleh a midangpa a chih bangbang in a soi hi. Naupangpa chu huh mipa'n amah um bangbang a, a um jiahin a lunthah a, huleh hichiin a chi hi, "Kei hung kisualpih ut na hi maw?" huleh a chih bangbang ahung kisoi kiit hi. Thakhat in midang khat in amah en hi in ahung phawh a ahung lauta hi.

Taangtung apat in ahung kileh a, a nu a hilh hi. "Nu, taangte ah mi hoih lou mahmah khat ahung a um hi," a chi hi. Hizongleh a nu'n nui hiuhiau kawm in, "Hutah a naupang umpa chu mi hoih ahih ka gingta hi, huleh na lawm ahung hi thei diing hi. Ziingchiah va chiah kiit inla huleh hung ngaidam in na va chi diai?" a chi hi. A ziingni in naupangpa chu taangdawn ah a va kal kiit a huleh aw ngaihtahin, "Zaanni a ka silbawl hung ngaidam in! Ka lawm na hung hi diai?" a chi hi. A chih bangmah in ahung kidawng kiit hi.

A nu'n a tapa kawm ah amah mah ahi chih a hilh hi. Huleh Hagau Siangthou in nu nunnemtah bangin i ginna lampi ahung kithuahpih hi.

Hagau gah suang diing

Haichi tang a kituh chiangin, ahung meeng a, ahung khanglian, huleh a paahkhia hi, huleh ahung paahkhiat zoh chiangin, a hihna diing ahung suaah a, huchu a gah ahi. Huchi mahbangin, Hagau Siangthou tungtawn a Pathian in A tuh i sunga hinna chi ahung mumdoh chiangin, ahung khang a huleh Hagau Siangthou gahte ahung suang hi. Ahihvangin, Hagau Siangthou tang michih in Hagau Gahte a suang sih uhi. Hagau Siangthou mapuina i juih chiangin chauhin Hagau gah i suang thei uhi.

Hagau Siangthou chu mei petu 'meikhawl' toh kibang in a ngaih theih hi. Meivaah chu 'meikhawl' a kizat ahung umdoh hi. 'Meikhawl' chu meivaah toh a kizop a huleh mei a kipiaah chiangin, meivaah chu ahung vaah hi. Vaah a um chiangin, mial a paimang hi. Huchi mahbangin, i sunga Hagau Siangthou in na a sep chiangin, i sung a mial a paimang hi ajiahchu i lungtang a vaah ahung luut hi. Huchiangleh, Hagau Siangthou gahte i suang thei hi.

Hitah ah, sil khat a poimoh a um hi. Meivaah in a vaahna diingin, meikhawl toh va kizop mai in bangmah a bawldoh sih diing hi. Koiahakhat in meikhawl a suhhing a ngai hi. Pathian in Hagau Siangthou kichi meikhawl ahung piaah hi, huleh eite hih meikhawl, Hagau Siangthou, natongsahtu i hi uhi.

Hagau Siangthou meikhawl natohsahna diingin, i pilvan va huleh guntuhtaha i haamtei diing uh ahi. Thudih jui diingin Hagau Siangthou mapuina i man diing uh ahi. Hagau Siangthou mapuina leh sawlna i man va ahihleh, Hagau Siangthou deihna guntuhtaha i juih chiangin Hagau Siangthou in i dim diing va, i lungtang uh chu thudih a kiheng diing hi. Hagau Siangthou a i hung dim dungjui un Hagau Siangthou gahte i hung suang diing uhi.

I lungtang vapat a sual hihnate i hung paihmang va huleh Hagau Siangthou panpihna toh hagau lungtang i hung chituh chiangun, Hagau Siangthou gahte ahung kisiamdoh diing hi. Hizongleh grep bawh khat sung a grep gahte a min hun leh a letdan a kibatlouh bangin, Hagau Siangthou gah khenkhat ahung min diinga Hagau Siangthou gah a min sih diing hi. Mikhat in lungsiatna gah ahung suang lain a kisuumtheihna a suang nai sih diing hi. Ahihlouhleh, a ginumna gah ahung min lain a jaidamna gah a min nai sih diing hi.

Bangteng hileh, hun hung pai dungjuiin, grep gah zousiah ahung min veh diinga, huleh a bawh pumpi chu grep sandup min ahung suaah diing hi. Huchi mahbangin, Hagau Siangthou gahte i hung suang veh chiangun, hih umzia chu hagau buching nei mi, Pathian in i neih diing va ahung deihsah mahmah i nei diing uhi. Hutobang mite'n a hinkhua va lam chinteng ah Khrist gimtuina a pedoh diing uhi. Hagau Siangthou aw kichiantah a za diing va huleh Pathian loupina pe diingin Hagau Siangthou silbawltheihna a langsah diing uhi. Pathian toh kibang chet a um diing ahihtahchiangun, Jerusalem Thah, Pathian laltouphah umna, a luut theihna diing chitna piaah ahi diing uhi.

Hagau Siangthou deihna leh tahsa deihna

Hagau Siangthou deihna juih i sawm chiangun, deihna dang khat ahung subuai mahmah a um hi. Tahsa deihna in thudihloute, Pathian Thu toh kikalh a jui hi. Hute'n tahsa utna, mit utna, huleh hinkhua kisahtheihna chihte ahung juisah hi. Huleh sual ahung bawlsah a huleh dihtatlouhna leh daanbeina ahung bawlsah hi.

Tu naiin, mikhat milim hoihloute etna a tawpsan theihna diinga haamteipih diingin ahung ngen hi. Hichiin a chi a, hitobang silte a et tuung in, nopsah ut jiah hilou in hutobangte'n mite bangtan chianga zou ahiai chih heetsiamna diinga a et ahi. Hizongleh khatvei a et kalsiah, huh limte'n a lungsim a luah a huleh et kiit jel a ut hi. Hizongleh, Hagau Siangthou in en lou diingin a sawl a, hujiahin a buai mahmah hi.

Hitobang dinmun ah, a lungtang chu a mit utna, chihchu a mit leh a bil a muhte leh a zaahte, in a subuai mahmah hi. Hitobang tahsa utna i paihmang louh va huleh i pomtouh jel va ahihleh, thudihlou silte chu nihvei, thumvei, huleh livei i bawl diing va huleh a kibehlaptou jel diing hi.

Hikhu jiahin Galatiate 5:16-18 in hichiin a chi hi, "Huchiin hi ka soi ahi, Hagau ah um un, huleh tahsa utna na sutaangtung sih diing uhi. Ajiahchu tahsa in Hagau a dou a, Hagau in tahsa a dou hi; sil na bawltumte uh na bawl theihlouh na diingun, hite chu a kikalh tuah veu uh ahi. Hizongleh Hagau puu ia na um unchu daan nuai a um na hi sih uhi."

A langkhat ah, Hagau Siangthou deihna i juih chiangun, i lungtang vah hamuanna i nei va huleh i nuam diing uhi ajiahchu Hagau Siangthou a kipaah hi. A lehlam ah, tahsa deihna i juih chiangun, i lungtang uh a gim diing hi ajiahchu i sung ah Hagau Siangthou a maau hi. Huleh, Hagau a dimna i mangsah diing va, huchiin Hagau Siangthou deihna juih ahung hahsa deuhdeuh diing hi.

Paul in hih toh kisai Romte 7:22-24 ah a soi hi, "Ajiahchu ka lungsimtah inchu Pathian daan tung ah ka kipaah hi. Hizongleh ka tahsa hiangte ah daan tuam khat a um chih ka he hi; hukhuin ka lungsim daan adoua, huleh ka tahsa hiangtea um sualna daan kawmah suaahin ahung puui veu hi. Migenthei hina meijen ing e! Hi sihna sapum laha pat kua'n ahiai hung suaahtasah diing?" Hagau Siangthou deihna ahihlouhleh tahsa deihna i juih uh leh juihlouh dungjuiin, hutdam a um Pathian tate ahihlouhleh sihna lam jui mial tate i hung hi thei uhi.

Galatiate 6:8 in hichiin a chi hi, "Ajiahchu tahsa lama tuhpa'n tahsa lama siatna a aat diinga; hizongleh Hagau lama tuhpa'n chu Hagau a kumtuang hinna a aat diing hi." Tahsa deihna i juih va ahihleh, tahsa nate, sualnate leh daanbeinate, i toh uh chauh hilou in, a tawpna ah vaan lalgam zong i luut sih diing uhi (Galatiate 5:19-21). Hizongleh Hagau Siangthou deihna i juih va ahihleh, Hagau Siangthou gah kuaahte i suang diing uhi (Galatiate 5:22-23).

Silhoih bawl ah i lunglel sih diing

Hagau Siangthou jui a ginna toh i gamtatna chiangchiang vah Hagau gah i suang va huleh Pathian tate i hung hi uhi. Mihing lungtang ah, bangtenghileh, thudih lungtang leh thudihlou lungtang a um hi. Thudih lungtang in Hagau Siangthou deihnate jui diing huleh Pathian Thu a hing diingin ahung pui hi. Thudihlou lungtang in tahsa deihnate jui diing leh mial a hing diingin ahung pui hi.

Etsahna diingin, Lalpa Ni kep siangthou chu Pathian tate'n a man diing uh Thupiaah Sawmte laha khat ahi. Hizongleh gingtu khat dawr bawl in chu a lungtang ah Pathianni chianga dawr a kihon louhleh mang diing ahi chiin ginna tawm a nei maithei hi. Hitah ah, tahsa deihna in hichiin a ngaihtuahsah maithei hi, 'Kal dang chiangleh ka khaah gige diai? Ahihlouhleh, kei Pathianni ziing kikhop ah kikhawm ning in ka zi nitaah kikhop ah huchia dawr ngaah ka kikhelh theihna diing un, ahi diai?' Hizongleh Hagau Siangthou deihnate in Pathian Thu manna diingin a panpih diinga huchiin hitobang ngaihtuahna, "Lalpa Ni ka kep siangthou leh, Pathianni a dawr ka hon a ka muh sanga tamzaw ahung pe diing hi."

Hagau Siangthou in i haatlouhnate ahung panpih a huleh a thu a soiguallouh maauna toh ahung ngetsah jel hi (Romte 8:26). Hih Hagau Siangthou kithuahpihna jui a thudih na i toh chiangun, i lungtang ah hamuanna i nei diing va, huleh i ginna chu niteng in ahung khang diing hi.

Pathian Thu Bible a kigial chu thudih a kiheng ngei lou ahi; hikhu chu hoihna ngei ahi. Hikhu in Pathian tate kumtuang hinna a pia hi, huleh hikhu chu kumtuang kipaahna leh nuamna tang diinga hung puitu vaah ahi. Pathian tate Hagau Siangthou in a puite'n a utna uleh deihnate utoh tahsa chu a kilhbeh diing uh ahi. Pathian Thu dungjuia Hagau Siangthou deihnate a juih va huleh silhoih bawl ah a lunglelh louh diing uh ahi.

Matthai 12:35 in hichiin a chi hi, "Mi hoihin lungtang goubawm hoih apat in sil hoihte ahung ladoh a; huleh migilou in a goubawm hoihlou apat in sil hoihlou ahung ladoh jel hi." Hujiahin, kuhkaltaha a haamteina toh i lungtang vapat a gilou i paihkhiaah va huleh natoh hoih tampi i khol diing uh ahi.

Huleh Galatiate 5:13-15 in hichiin a chi hi, "Ajiahchu, unaute, zalen diinga kou na hi uh a, na zalenna uh tahsa diinga lemtanna in zang sih unla, lungsiatnain khat le khat naa kitohsahzaw un. Ajiahchu, nangmah na kilungsiat bangin na innveengte na lungsiat diing ahi, chih thuteng khatah daanthu zousiah suhbukim in a um hi. Hizongleh na kikeih va, na kineeh tuah u'leh na kisuhmang louh na diingun pilvaang un," huleh Galatiate 6:1-2 ah hichiin a kigial hi, "Unaute, mi kua aha a suhkhelhna-a matdoh a, a um leh, nang uh hagau mite'n, nangmah ngeei zong heemna na tuaah kha diing chih ngaihtuah in, huchibang mi chu thunuaigolhtahin tung diing kiit un. Khat le khat na puaahgih uh kidawn chiat unla, huchiin Khrist daan juikim un."

A tung a banga Pathian Thute i juih va ahihleh, Hagau gah nasatahin i suang thei va huleh hagau a mi leh hagau buching nei mi i hung hi thei uhi. Huchiangleh, haamteina a i nget taphot i mu diing va huleh kumtuang vaan lalgam a Jerusalem Thah ah i luut diing uhi.

1 Johan 4:7-8

"Deihtahte, khatle khat i kilungsiat diing uhi; ajiahchu lungsiatna Pathian a kuan ahi; huleh mi chin lungsiat siam photmah chu Pathian a piang ahi a, Pathian ahe hi. Lungsiatna neilou mi'n Pathian ahe sih; bangjiahin ahiai i chihleh Pathian chu lungsiatna ahi."

Bung 2

Lungsiatna

Hagaulam lungsiatna dan sangpen
Tahsalam lungsiatna chu a hun pai dunjuiin a kiheng
Hagaulam lungsiatna in mahni hinna a pia
Pathian tunga lungsiatna dihtah
Lungsiatna gah suangna diingin

Lungsiatna

Lungsiatna chu mihingte ngaihtuahna sanga silbawltheizaw ahi. Lungsiatna silbawltheihna toh, Pathian in a deihlouh diing huleh sihna lampi a pai diingte i hundam thei hi. Lungsiatna in haatna thah leh hasotna a pe thei hi. Lungsiatna silbawltheihna toh mite dihlouhna i khuhkhum va ahihleh, kihenna limdangtah ahung tung thei a huleh gualzawlna loupitah piaah ahi diing hi, ajiahchu Pathian in hoihna, lungsiatna, thudih, huleh dihtatna umna ah na A tong hi.

Khotaang sil sui pawl khat in skulnaupang 200, Baltimore khopi kiim a mizawng laha umte a sui uhi. Hu pawlte'n thusitna chu hih skulnaupangte'n lohchinna diingin hunlemchang leh kinepna tawmchakhat chauh a nei uhi. Hizongleh kum 25 zoh in hih skulnaupangte mah a sui kiit va, huleh a muhdoh a limdang mahmah hi. 200 laha 176 te khotaang a diing mi lohching ukil, daktor, thusoimi, ahihlouhleh sumdawngmi ahung hi uhi. A dihtahin a suitute'n hutobang dinmun hahsatah hung palkai thei ahi viai chih a dong va, huleh amaute'n houtu khat min a soi chiat uhi. Hih skulpu chu bangchidana hutobang kihenna limdangtah umsah ahiai chia dot ahih chiangin, ama'n, "Ka lungsiat a, huleh amaute'n a he uhi," a chi hi.

Tuin, lungsiatna, Hagau Siangthou gah kuaahte laha gah masapen, bang ahiai?

Hagaulam lungsiatna dan sangpen

A taangpi in lungsiatna chu tahsalam lungsiatna leh hagaulam lungsiatna in a kikhen thei hi. Tahsalam lungsiatna in amah lawhna diing chauh a hawl hi. Hikhu chu a hun pai dungjuia kiheng jel lungsiatna umze bei ahi. Hagaulam lungsiatna in, bangteng hitaleh, midang phattuamna diing a hawl a huleh bangtobang dinmun ah zong a kiheng sih hi. 1 Korinthete 13 in a kimzae in hagaulam lungsiatna a hilhchian hi.

"Lungsiatna in a thuaahthei a, huleh a ching a; lungsiatna in a thangse sih a; lungsiatna chu a kiphat sih a, a kiuangsah sih hi, A kilawmlou in a gamta sih a, amah diing chauh a ngaihtuah sih a, a lungthahbaih sih a, silgilou a ngaihtuah sih hi; Dihtatlouhna ah a kipaah sih a, hizongleh thutah ah a kipaah hi; Sil zousiah puaahdaan asiam a, sil zousiah a gingta a, sil zousiah a lamen a, sil zousiah a thuaah mualsuaah hi" (vv. 4-7).

Achihleh, bangchidana, Galatiate 5 a lungsiatna gah leh 1 Korinthete 13 a hagaulam lungsiatna kibanglou ahiai? Hagau Siangthou gah lungsiatna hi in mikhat in a hinna a piaah kipumpiaahna lungsiatna zong a huam hi. Hikhu chu lungsiatna 1 Korinthete 13 a khu sanga dan sangzaw a um ahi. Hikhu chu hagaulam lungsiatna dan sangpen ahi.

Lungsiatna gah i suang va huleh midang a diinga i hinna i piaahdoh va ahihleh, bangmahpouh huleh koipouh i lungsiat thei uhi. Pathian in bangkim toh ahung lungsiat a huleh Lalpa'n A hinna zousiah toh ahung lungsiat hi. Hih lungsiatna i neih uleh, Pathian, A lalgam, huleh A dihtatna diingin i hinna i pedoh thei uhi. Huban ah, Pathian i lungsiat jiahun, i sanggam dangte chauh hilou in ei hung hotu i melmate tanpha a diinga i hinna piaahna diing lungsiatna dan sangpen zong i nei thei uhi.

1 Johan 4:20-21 in hichiin a chi hi, "Mi'n Pathian ka lungsiat, chi ngal a, a unau a muhdah inchu, mi juau ahi; ajiahchu amuh gegu a unau bawn lungsiatloupi'n a muhlouh Pathian bangchi'n a lungsiat thei diai? Huleh amah a'pat hi thupiaah i nei uhi, Koipouh Pathian lungsiatin a unau zong alungsiat diing ahi, chih." Huchiin, Pathian i lungsiatna ahihleh, michih i lungsiat diing uhi. Mikhat ho kawm a Pathian lungsiat i ki chihleh, zuau ahi.

Tahsalam lungsiatna chu a hun pai dunjuiin a kiheng

Pathian in mihing masapen, Adam, A siam lain, Pathian amah chu hagaulam lungsiatna toh A lungsiat hi. Suahlam ah, Eden ah, huan hoihtah A siam a huleh hutah ah bangmah a kitasam um hetlou in A umsah hi. Pathian chu amah kiton in A pai jel hi. Pathian in Eden Huan, tenna mun hoihtahmai, A piaah chauh hilou in, himahleh hih leitung sil chinteng tunga thuneihna leh vaihawmna zong A piaah hi.

Pathian in Adam kawm ah hagaulam lungsiatna luanglet A piaah hi. Hizongleh, Adam in Pathian lungsiatna a phawh tahtah thei sih hi. Adam in a huatna ahihlouhleh a kiheng jel thei tahsalam lungsiatna a chiamkha ngei nai sih hi, hujiahin Pathian lungsiatna luultah chu bang ahiai chih a phawhdoh sih hi. Hun sawtpi hung pai nung in, Adam chu guul tungtawn a heem in a um a huchiin Pathian Thu a mang sih hi. Pathian phallouh neeh louh diing theigah a ne hi (Siamchiilbu 2:17; 3:1-6).

Hukhu jiahin, sual chu Adam lungtang ah ahung luut a, huleh tahsa mi Pathian toh kizopna nei nawn lou ahung suaah hi. Pathian in Eden Huan a, a teeng diing zong a phal nawn sih hi, huleh leitung ah nohdoh in a um hi. Mihing chituhna a neih laiun (Siamchiilbu 3:23), Adam suan mihingte zousiah in, Eden huan lungsiatna a tan uh toh kikalhzawng silte, huatna, enna, natna, dahna, damlouhna leh liamna chihte, ahung he un huleh ahung chiamkhata uhi. Sualnate jiaha lungtang uh lungtang dihlou ahung suaah dungjuiin a lungsiatna uh chu tahsalam lungsiatna ahung suaah hi.

Adam puuh nung hun sawtpi paita in, huleh tuni in, hih khovel ah hagaulam lungsiatna muh diing a hahsa deudeuh hi. Mite'n lam tuamtuam in a lungsiatna uh a langsah uhi, hizongleh a lungsiatna uh chu tahsalam lungsiatna hun pai dungjuia a kiheng jel giap ahi. Hun ahung pai jel a huleh a dinmunte ahung kihen chiangin, a lungsim uh a heng va huleh amau lawhna diingin a ngaih mahmahte bang uh a heem uhi. Midangte'n a piaah masat ahihlouhleh amau a diinga phatuam khat a um chiangin a piaah uhi. Na piaahkhiat zahzah na muhkiit utleh, ahihlouhleh midangte'n na deih leh na kinep bang ahung piaah kiit louh chiang va nuammoh na sah leh, hikhu chu tahsalam lungsiatna chauh ahi.

Pasal khat leh numei a kimuhtuah chiangun, 'kumtuang in i kilungsiat diing' huleh amaute 'khat tellou a hing thei lou' ahi uh a kichituah maithei uhi. Ahihvangin, hun tamtah ah a kiten nung chiangun a lungsim uh a heng uhi. Hun hung pai jel in, a zi/pasal a chitlouhna bangbang ahakhat ahung mu uhi. Nidang in, bangkim a hoih veh a huleh sil zousiah ah a kisuhlungkim sawm tuaah uhi, hizongleh tuin huchibangin a bawl thei nawn sih uhi. A kinuaahtuah va a nihun hahsatna a kituttuah uhi. A zi/pasal in a deihbang a bawl louh chiangun a lungnopmoh uhi. Kum a sawm bangzahahakhat paita ah, kikhenna kichi a um meengmeeng sih hi, hizongleh tuin chu baihlamtahin ahung tung a huleh kikhen zoh nung sawt louin tamtahte'n midang a a kitenpih kiit uhi. Huleh huchi ahihvangin, hun tengin midang khu ka lungsiat tahzet uh a chijel uhi. Hichu tahsalam lungsiatna dihtah ahi.

Nulepate leh tate kikal a lungsiatna zong a limdang talo tuan sih hi. A dihtahin, nulepate khenkhat in a tate uh diingin a hinna uh a pe diing uhi, hizongleh huchiin bawl mahleh uh, a tate uh diing chauh a, a hinna uh a piaah va ahihleh hichu hagaulam lungsiatna ahi sih hi. Hizongleh khovel ahung siat deuhdeuh toh kiton in, nulepate a tate uh diinga hinna piaah chu a vaang deuhdeuh hi. Sumlam a lawhna ahihlouhleh ngaihdan kituaahlouh jiahin nulepate leh tate tamtahin a kal va kimelmatna a nei uhi.

Sanggam ahihlouhleh lawmtate laha kilungsiatna lah bang a chi ei? Sanggam tamtahte chu sum thu a, a kigolh va ahihleh melma ahung suaah uhi. Lawmtate kal ah zong huchibangmah in a um hi. Sil a pai hoih a huleh a kituaah chiangun a kilungsiat uhi. Hizongleh sil ahung kilimdana ahihleh a lungsiatna uh a hung kiheng hi. Huleh, hun tamtah ah, mite'n a piaahdoh zahzah uh muhkiit a ut uhi. Khotuahna a neih chiangun bangmah lametna bei in a piaah uhi. Hizongleh a khotuahna uh ahung daih chiangin, a piaah va bangmah a muh kiit louh uh in a lungnopmoh sah mahmah uhi. Hih umzia chu, bangteng hileh, bangahakhat muh kiit diing a lamen uhi. Hitobang lungsiatna chu tahsalam lungsiatna ahi.

Hagaulam lungsiatna in mahni hinna a pia

Mikhat in a lungsiat mahmah a diinga a hinna a pia kichi chu lungkhoih mahmah ahi. Hizongleh, mikhat a diinga i hinna uh pia ngai diing ahi chih i heet chiangun huh mi lungsiat chu a hahsa mahmah hi. Hichibangin mihing kilungsiatna chu a bukim sih hi.

Kumpi khat ta deihhuaitah nei a um hi. A lalgam ah, tualthat migilou mahmah thah diinga thutankhumsa khat a um hi. Huh siammohtan a umpa damna diing umsun chu amah luang midih khat a sih a ngai hi. Hitah ah, kumpipa'n tualthattu luangin a tapa midih chu a pephal diai? Hutobang sil chu mihingte khang ah a um ngei mawngmawng sih hi. Hizongleh Siamtu Pathian, hih leitung a kumpite toh tehkaah guallouh, in A Tapa neihsun eite a diingin ahung pia hi. Huchituh in ahung lungsiat hi (Romte 5:8).

Adam sual jiahin, mihing zousiah sual man piaahna diingin sihna lampi a, a pai uh a ngai hi. Mihing hutdamna diing leh Vaangam a puiluutna diingin, a sualna uh suhveng a ngai masa hi. Hih sual buaina, Pathian leh mihingte kikal a ding, suhvenna diingin, Pathian in A Tapa neihsun a sual man uh piaahna diingin ahung sawl hi.

Galatiate 3:13 in hichiin a chi hi, "Singkung a kikhai taphot haamsiat ahi." Jesu chu daan "Sual man chu sihna ah (Romte 6:23) chitu haamsiatna apat hung suaahtasah diingin sing kross ah a kikhai hi. Huleh, sisan pawt lou a ngaihdamna a um louh jiahin (Hebraite 9:22), A tui leh sisan A luangsah hi. Jesu'n eite luangin gawtna a tuaah hi, huleh Amah gingta zousiah chu a sualna uh ngaihdam ahi diinga huleh kumtuang hinna a tang diing uhi.

Pathian in Jesu, Pathian Tapa, chu misualte'n a soisa un, a chiamnuih un, huleh a tawpna ah a kilhbeh diing uh chih A he hi. Ahihvangin, mihing giloute kumtuang sihna a puuh manohte hutdamna diingin, Pathian in Jesu leitung ah ahung sawl hi.

1 Johan 4:9-10 in hichiin a chi hi, "Hikhu-ah Pathian in eiuh ahung lungsiatna a kilangta, amah jaala i hin theihna diinga Pathian in a Tapa neihsun khovel a ahung sawl jiahin. Hi-ah lungsiatna a um, ei un Pathian i lungsiat chih ahi sih a, ama'n eiuh ahung lungsiat a, i sualnate thuphatawina hi diingin a Tapa ahung sawl chih ahizaw hi."

Pathian in A Tapa neihsun Jesu kross tung a khaikaang diinga hung pia in eite ahung lungsiatna A namdet hi. Jesu'n mihingte a sualnate vapat a hutdohna diingin kross a Amah leh Amah hung kipedohin A lungsiatna ahung langsah hi. Hih Pathian lungsiatna, A Tapa tungtawn a, ahung piaah chu kumtuang a kiheng lou lungsiatna mikhat hinna zousiah a sisan taah nunungpen tanpha piaahna ahi.

Pathian tunga lungsiatna dihtah

Hutobang lungsiatna en zong i nei thei diai? 1 Johan 4:7-8 in hichiin a chi hi, "Deihtahte, khatle khat i kilungsiat diing uhi; ajiahchu lungsiatna Pathian a kuan ahi; huleh mi chin lungsiat siam photmah chu Pathian a piang ahi a, Pathian ahe hi.

Lungsiatna neilou mi'n Pathian ahe sih; bangjiahin ahiai i chihleh Pathian chu lungsiatna ahi."

Huaahbuuh heetna chauh a he i hih louh va, hizongleh Pathian in ahung piaah lungsiatna i lungtang va i neih va ahihleh, Pathian chu dihtahin i lungsiat diing uhi. I Khristian hinkhua vah thuaah hah i sah gimthuaahna i tuaah un, ahihlouhleh i neih i lam zousiah leh i silmanphate i mansuah vehna dinmun uh i tuaah maithei uhi. Hutobang dinmun ah zong, eimah a lungsiatna dihtah i neih sungteng i lungtang uh a kiliing hial sih diing hi.

Ka tanu deihtah thumte ka mansuah dehtahkha hi. Kum 30 val paita ah Korea ah, mi tamtahin suangmeihol meiphu chu awi diingin a chih uhi. 'Carbon monoxide' huih suangmeihol apat hung pawtdoh in tuahsiatna a tut veu hi. Biaahinn hon zoh nung geih in ka tenna chu biaahinn nuai a um ahi. Ka tanu thumte'n, tangvalnou khat toh, carbon monoxide huih hoihlou namkha in a um uhi. Zaankhovaah in huih chu a nam va, huleh amaute a diingin hung halhdoh kiitna diing lametna bangmah a um hi.

Ka tanute khophawhlou a um mu in, bangmah dahna ahihlouhleh soiselna diing ka nei sih hi. Vaangam kilawmtah mittui, dahna, ahihlouhleh natnate umlouhna a lungmuangtaha pai diing uh chih ngaihtuahin ka kipaah zawh hi. Hizongleh tangvalnoupa chu kouhtuam member maimai khat ahihjiahin, Pathian kawm ah huh mipa chu Pathian suhmualphou louhna diinga ahung hing kiit ka ngen hi. Tangvalnoupa tung ah ka khut ka ngaah a ka haamteisah hi. Huzohin ka tanu thumna leh naupangpen a diingin ka haamtei hi. Amah a diinga ka haamtei lain, tangvalnoupa ahung halhdoh hi. Ka tanu nihna nu a diinga ka haamtei lain, a thumna nu ahung halhdoh hi. Sawtlou nungin, ka tanu nihna leh khatna ahung halhdoh uhi. A khonung guuh bangmah a thuaah sih uhi, huleh tuni tandong in a chidam uhi. A thum un kouhtuam ah pastor in a tong uhi. Pathian i lungsiat va ahihleh, bangtobang dinmun hizongleh i lungsiatna uh a kiheng sih diing hi. A Tapa neihsun piaahdohna lungsiatna i tangta va, huleh hujiahin Amah i nualna diing ahihlouhleh A lungsiatna i muanmohna diing jiah i nei sih uhi. Amah chu kihenglou kei a i lungsiat thei uhi. I hinna toh A lungsiatna chu a bukim in i muang thei uh huleh Amah tung ah i ginum thei uhi.

Hitobang lunggel chu hagau dangte i etkolna vah zong a kiheng sih diing hi. 1 Johan 3:16 in hichiin a chi hi, "Hikhu ah lungsiatna i he hi, huchiin Ama'n A hinna eite a diing ahung piaah hi; eite'n zong i sanggamte a diinga i hinna uh i piaah diing uh ahi." Pathian tunga i lungsiatna dihtah uh i chituh va ahihleh, i sanggamte chu lungsiatna dihtah toh i lungsiat diing uhi. Hih umzia chu eimah a diing chauh hawl utna i nei sih diing va, huleh huchiin bangmah ahung kileh diing lametna nei lou in silbangkim i pe diing uhi. Lungsim siangthoutah toh eimah i kipumpiaah diing va huleh midangte a diingin i neih zousiah i pe diing uhi.

Tuni tandong a ginna lampi a ka paina ah zeetna tampi ka palkha hi. Kei apat a sil tampi tangkha ahihlouhleh ka innkuan banga na ka bawlte apatin zuausanna ka tuaah hi. Khatveivei mite'n hung hekhial in a khut un ahung kawh uhi.

Ahihvangin, hoihna toh ka bawl hi. Pathian khut ah

silbangkim ka ngaah a huleh A lungsiatna leh khotuahna toh hutobang mite A ngaihdam diingun ka haamtei hi. Kouhtuam sunga hahsatna tampi tut a huleh nuse mite nasan zong ka ho sih hi. A kisiih va hung kileh kiit diing ka deih giap hi. Hutobang mite'n sil gilou tampi a bawl chiangun, kei a diinga zeetna nasatah ahung suaah hi. Ahihvangin, hoihna toh ka bawl hi ajiahchu Pathian in ahung lungsiat chih ka gingta hi, huleh Pathian lungsiatna toh ka lungsiat jiahin.

Lungsiatna gah suangna diingin

I lungtang apat sualnate, gilou leh daanbeina paihmang a i lungtang i suhsiangthouna chiangchiang ah lungsiatna gah buchingtahin i suang thei uhi. Lungsiatna dihtah chu gilou apat siangthou lungtang apat in ahung pawtdoh hi. Lungsiatna dihtah i neih va ahihleh, midangte kawm ah hun teng in muanna i pe thei va huleh midangte chu hahsatna i tut ngei sih va ahihlouhleh puaahgih i guan ngei sih uhi. Midangta lungtang i hesiam diing va huleh a na uh i tong diing uhi. Kipaah i pe thei diing va huleh a hagau uh khantouhna diingin i panpih thei diing va huleh huchiin Pathian lalgam chu keehlet ahi diing hi.

Bible ah, ginna a pate'n bangtobang lungsiatna ana chituh uh ahiai chih i muthei uhi. Mosi in a mite, Israelte, a lungsiat mahmah a, huchiin hinna lehkhabu apat a min kithaimang diing khop hial a hutdam diing hizongleh a deih hi (Pawtdohbu 32:32).

Sawltaah Paul in zong Lalpa chu a muh tuung a kipat in lungsim kiheng kei lou toh a lungsiat hi. Gentelte kawm a sawltaah in ahung pang a, huleh a mission khualzinna thumte tungtawn in hagau tampi a hutdam a huleh kouhtuamte a phutdoh hi. A lampi chu gimhuai in huleh siatna a dim himahleh, Rome a martar ahih tandong in Jesu Khrist a soi hi. Judate a kipat in kivauna leh soisahna leh suhbuaina a um gige hi. Jep leh suangkul a koih in a um hi. Long tuahsia a tuaah zoh in zaan khat leh suun khat tuipi pang ah lapdoh in a um hi. Ahihvangin, a lampi tel ah a kisiih het sih hi. Hahsatna tampi paltou mahleh amah a diing ngaihtuah sangin kouhtuam leh gingtute a diingin a ngaihtuahzaw hi.

2 Korinthete 11:28-29, ah hichia a kigelh bangin, "Polama hu silte chihlouh zong, kouhtuam pawlte ka ngaihtuahna nichina hung net jing ka tungah a um hi. Koi haatlouhna ka haatlouhpih a um ei? koi puuhna ka tawmpihlouh a um ei?" a ngaihtuahna a soiling hi.

Sawltaah Paul in a hinna tanpha a hawi sih hi ajiahchu ama'n hagau mangthangte a diing lungsiatna kuang a nei hi. A lungsiatna thupitah chu Romte 9:3 ah hoihtahin a soidoh hi. Hichia gelh ahi, "Bangjiahin ahiai i chihleh ka unaute, tahsa lama ka chipihte luangin keimah Khrist kawma pat bawltuam khopa haamse thuaahin um leng ka chi hi." Hitah ah, 'ka unaute' kichi inkuanpih ahihlouhleh tanaute chih a kawhkha sih hi. Hikhu in Judate zousiah amah soisatute zong huam in, a kawh hi.

Hih mite hutdam theihna diing ahihleh, amaute luang in Meidiil ah a pai zaw diing hi. Hitobang ahi lungsiatna a neih. Huleh, Johan 15:13 a kigial bangin, "Mi'n a lawmte' diing a hinna apiaah saanga lianzaw lungsiatna koima'n anei sih hi," sawltaah Paul in martar hung hi in a lungsiatna sangpen a langsah hi.

Mi khenkhatte Lalpa lungsiat a kichi va hizongleh ginna a, a sanggamte uh a lungsiat sih uhi. Hih sanggamte chu a, a meelma uh zong ahi sih a huleh mahni hinna zong a phuut sih uhi. Himahleh amaute'n kituaahlouhna a nei va huleh sil neucha thu ah kingeihlouhna a nei uhi. Pathian natoh lain in zong, a ngaihdan uh a kibatlouh chiangin a kilungnopmoh uhi. Mi khenkhatte ahileh midang hagau chau leh si diinga umte hesiam lou in a um uhi. Huchi ahihleh, hutobang mite'n Pathian a lungsiat uh i chi thei diai?

Khatvei kikhopna ah mi zousiah mai ka phuangdoh hi. Hichiin ka chi hi, "Hagau sangkhat ka hutdam theihna diing ahihleh, amaute luangin Meidiil ah ka paizaw diing hi." A dihtahin, Meidiil kichi bangtobang ahiai chih hoihtahin ka he hi. Meidiil a hung luutsah diing bangmah ka bawl ngei sih diing hi. Hizongleh Meidiil ke diing hagaute ka hutdam theih diinga ahihleh, amaute luangin ka chiah diing hi.

Huh hagau sangkhate la ka kouhtuam membarte khenkhat a telkha thei hi. Amaute chu kouhtuam lamkai ahihlouhleh membarte thudih tel lou a hizongleh thudih thu a zaah nung uleh Pathan natoh loupitah a muh nung va sihna lampi a pai teiteite ahi thei uhi. Huleh amaute chu a heetsiamlouhna uleh thangsiatna jiah va ka kouhtuam uh soisatute zong ahi thei uhi. Ahihlouhleh, amaute chu Africa a tualgal, kial, leh zawnna jiaha gilkial thuaah a um hagau zawngte ahi thei hi.

Kei a diinga Jesu a sih bangin, amaute a diingin ka hinna ka pe thei hi. Hikhu ka mohpuaahna dan a ka lungsiat jiah hilou in, ka hinna sanga ka lungsiatzaw jiah leh thu chauh a hilou a ka lungsiat jiah ahi. Ka hinna zousiah ka pia hi ajiahchu hichu ahung lungsiattu Pa Pathian deihna lianpen ahi chih ka heet jiah ahi.

Ka lungtang chu hutobang ngaihtuahna, 'Bangchileh tanchinhoih mun tamzaw ah ka soi thei diai?' Bangchidan in Pathian silbawltheihna natoh thupizote ka taahlang thei diai huchia mi tamzote'n a gintaat theihna diingun?' 'Hih khovel umze neihlouhdan bangchiin amaute ka hesiamsah thei in huleh vaan lalgam tudet diingin ka pui thei diai?' chihte in a dim hi.

Ei leh ei i kien in eimah ah Pathian lungsiatna bangzah in a kiphumluut ei chi en ni. Hichu A Tapa neihsun hinna A piaahna toh kithuah lungsiatna ahi. Amah lungsiatna a i dim leh, i lungtang vah Pathian leh hagaute i lungsiat diing uhi. Hikhu chu lungsiatna dihtah ahi. Huleh, hih lungsiatna a bukim a i chituh va ahihleh, Jerusalem Thah, lungsiatna kigawmkhawmna ah i luut thei diing uhi. Na bawn un hutah a Pa Pathian leh Lalpa kumtuang lungsiatna na kikoppih uh ka kinem hi.

Philippite 4:4

"*Lalpa kipaah zing un; ka chi kiit diing, kipaah un!*"

Bung 3

Kipaahna

Kipaahna gah
Lungsiatna masa kipaahna manna jiahte
Hagaulam kipaahna ahung pian chiangin
Kipaahna gah na suan nopleh
Kipaahna gah suang nung a zong suunna
Lungsim dihsah inla huleh sil zousiah ah hoihna jui in

Kipaahna

Nuihna in lunggimna, lungthahna huleh lungbuaina a zaangsah a huchiin lungphu natna leh thakhata sihnate a daal hi. Hikhu sapum a natna daltu zong a suhat hi, huchiin lutang na ahihlouhleh natna cancerte hinkhua a natnate venbitna diingin silhoih a tut hi. Nuihna in i damtheihna diingin silhoih a tut a, huleh Pathian in kipaah zing diingin ahung hilh hi. Khenkhatte'n, "Kipaahna diing bangmah um lou in bangchiin ka kipaah thei diai?" a chi maithei uhi. Hizongleh, ginna a um mite chu Lalpa ah a kipaah zing thei uhi ajiahchu amaute'n hahsatna apat in Pathian in A panpih diinga, huleh kumtuang kipaahna umna mun vaan lalgam ah puitung in a um diing uh chih a gingta uhi.

Kipaahna gah

Kipaahna chu "nasatah leh phurtah ahihlouhleh sangtaha kipaahna" ahi. Hagaulam kipaahna, ahihleh chu, nasataha kipaahna mai ahi sih hi. Gingloute zong sil a hoih chiangin a kipaah uhi, hizongleh hikhu chu tomkhat a diing giap ahi. A kipaahna uh chu sil hahsa ahung tun chiangin a bei hi. Hizongleh i lungtang va kipaahna gah i suang unchu bangtobang dinmun ah zong i kipaah un i nuam thei diing uhi.

1 Thessolonikate 5:16-18 in hichiin a chi hi, "Kipaah zingzing un. Tawplou in haamtei un. Sil bangkim ah kipaahthu soi zing un; ajiahchu nang u'lam thu-ah Khrist Jesu ah hichu Pathian deihzawng ahi." Hagaulam kipaahna silbangkim a kipaah zingzingna leh kipaahthu soina ahi. Kipaahna chu bangtobang Khristian hinkhua kijui ahiaichu buuhna leh etna diinga dinmun kichianpen leh chiangpen ahi.

Gingtu khenkhatte chu mi khenkhatte'n a ginna vah

naahtahin pang mahleh uh a lungtang vapat kipaahna leh kipaahthusoina dihtah hung piang a neih tahtah theih louh lai va kipaahna leh nopsahna toh Lalpa lampi a pai in a um uhi. Biaahna kikhopnate, haamteina ah a kuan jel va, huleh a kouhtuam mohpuaahna uh a subuching uhi hizongleh amaute'n a mohpuaahna uh zohna tobangin a sep diing dawl teng uh a sem uhi. Huleh, buaihna khatpouhpouh a tuaah chiangun, a lungmuanna uh a mangsah va huleh a lungtang uh nopsahlouhna toh a kiliing jel hi.

Na haatna toh a suhveng theihlouh buaina na neih leh, hih hun na lungtang thuuhtah apat kipaahna tahtah nei naimah chih etchet theihna hun ahi. Hutobang dinmun ah, bang diinga limlang kienlou diing nahiai? Hikhu chu kipaah gah bang chianga suang na hiai chih etchetna diing ahi thei hi. A dihtah in, Jesu Khrist khotuahna in A sisan in ahung tankhia chi maimai zong hun tenga kipaahna diinga huntawh ahi. Meidiil a kumtuang meikuanga kiaah luut diinga guat i hi uhi, hizongleh Jesu Khrist sisan vangin vaan lalgam kipaahna leh muanna a dim ah i luut thei uhi. Hih thutah chauh in soiguallouh kipaahna ahung piaah hi.

Pawtdohna hun zoh a Israelte'n Tuipi San leigaw tung a pai banga a kaan zoh va huleh amau delhtute Aigupta sepaihte apat a suaahtaat zoh un, bangchituh in a kipaah diing viai? Kipaahna a dim in numeite chu tumging toh laam in huleh mi zousiah in Pathian a phat uhi (Pawtdohbu 15:19-20).

Huchi mahbangin, mikhat in Lalpa a pom chiangin, amah chu soiguallouh in hutdam ahi jalin a kipaah hi, huleh nasep gim mahmah ahihvangin a muuh a phatna la toh la a sa zing thei hi. Lalpa min gawt a, a um vangin ahihlouhleh a jiah bei a, a thuaah vangin, vaan lalgam ngaihtuahin a kipaah mahmah hi. Hih kipaahna chu keptouh jel ahih zingleh, kipaahna gah a buching a suang diing hi.

Lungsiatna masa kipaahna manna jiahte

A tahtah gam ah, bangteng hileh, a lungsiatna masa kipaahna kem mi a tam sih hi. Khatveivei Lalpa a pom chiangun, kipaahna chu ahung mang a huleh hutdamna khotuahna toh kisai a lungnopna uh zong a kibang nawn sih hi. Hun paisa ah, Lalpa ngaihtuahna jiah maimai in zong a hahsatna hun vah zong a kipaah uhi, hizongleh a haihuai va sil ahung hahsat chiangin a dah mahmah uhi. Hichu Israelte Tuipi San kaan zoh a, a kipaahna uh kintaha manghilh a huleh Pathian tunga phun a huleh neukhat hahsatna jiaha Mosi lang a ding tobang ahi uhi.

Bang diinga mite hichibang a kiheng ahi viai? Hikhu jiah chu a lungtang vah tahsa hihna a nei uhi. Hitaha tahsa kichi in hagaulam umzia a nei hi. Hikhu in a kawh chu umdan ahihlouhleh nungchang hagau toh kikalhna ahi. 'Hagau' chu silkhat Siamtu Pathian a, kilawm mahmah leh kiheng lou ahi, huleh 'tahsa' chu Pathian apat kizopna tan silte umdan ahi. Hute chu a mang diing, a se diing, huleh a bei diing silte ahi. Hujiahin, sual chinteng daanbeina, dihtatlouhna, huleh thudihlouhnate chu tahsa ahi. Hutobang tahsa hihna neite'n hun khat a, a lungtang uh luah kipaahna a mangsah diing uhi. Huleh, umdan kiheng gige a neih jiahun, meelmapa dawimangpa leh Setan in hutobang umdan kiheng zing pansan in dinmun buaihuai a siam jel hi.

Sawltaah Paul chu tanchinhoih a soi lain jep leh suangkul a

khum in a um hi. Hizongleh bangmah lauhthawng nei lou in haamtei leh Pathian phat a, a um lain, ziilliing nasatah ahung um a huleh suangkul kotte ahung kihong hi. Huban ah, hih silting tungtawn in, ginglou mi tamtah a piangthahsah hi. Hahsatna bangtobang ah zong a kipaahna a mangsah sih a, huleh ama'n gingtute chu hichiin a hasot hi, "Lalpa ah kipaah ngiitngeet un; ka chi jel diing, Kipaah un. Na chitna uh mi zousiah heet hihen. Lalpa a naai hi. Bangma ah lungdonna nei sih unla; hizongleh sil bangkim ah haamteina leh ngetna in kipaahthusoina toh, na sil deihte uh Pathian kawm ah hesah un" (Philippite 4:4-6).

Dinmun hahsatah kawl dawn a kikhai tobang hial na umkha a ahihleh, sawltaah Paul banga bang diinga kipaahthu soina haamteina nei lou diing na hiaimah? Pathian chu na ginna natoh ah A kipaah diinga huleh sil bangkim ah a hoihna diingin a tong diing hi.

Hagaulam kipaahna ahung pian chiangin

David chu khangdawng ahih lai apat in a gam a diingin galphual ah galdou in a um hi. Kidouna tampi ah natoh hoih bangzahahakhatte a tongdoh hi. Kumpi Saul chu hagau gilou jiaha a thuaah lain, kumpipa lungmuanna diingin tumgingte a tum hi. A kumpipa apat thupiaahte khat zong a botse sih hi. Ahihvangin, Kumpi Saul chu David natohna tung ah a kipaah sih hi, hizongleh a dihtahin ama'n David chu a thangsiat jiahin a hua hi. David chu mite'n a lungsiat jiahin, Saul chu a laltouphah laahsah a, a umkhaah diing lau in a um hi, huleh huchin David chu a sepaihte toh thah diingin a delh hi.

Hutobang dinmun ah, David chu Saul laau a, a tai a ngai hi.

Khatvei, gamdang khat ah a hinna humbitna diingin, mingol banga a kisiam a ngai hi. Amah dinmun a ding hilechin bang na ngaihtuah diai? David chu a lungkham sih a hizongleh a kipaahzaw hi. Pathian a, a ginna chu la kilawmtah in a sakhia hi.

"LALPA chu ahung chingtu ka Belaampu ahi a;
Ka tasam sih diing hi.
Ama'n hampa hing dipdep munte ah ahung kualsah jela;
Khawlna luipangah ahung pui jel hi.
Ka hinna ahung bawl hoihsah jel a;
Amah min jiahin dihtatna lampi ah ahung pui jel hi.
Ahi, sihna liim guam tawn in paimah zongleng,
silgilou himhim ka lau sih diing;
Ajiahchu nangma'n na hung umpih a, na khetbuuh
leh na chiangin ahung hamuan jel hi.
Nangma'n ahung doute mitmuhin ka ma-ah ankuang na luia;
Ka lu sathau na nuh a; ka nou adimlet hi.
Peellouin hoihna leh chitnain ka damsung tengin
ahung jui jing diinga;
Huleh Lalpa inn ah kumtuang in ka teengta diing hi"
(Psalm 23:1-6).

A tahtah chu liinglaha lampi tobang ahi, hizongleh David in amah ah sil thupi khat a nei hi. A lungsiatna meikuang bang leh Pathian a, a muanzohna ahi. A lungtang thuuhtah apat hung zamdoh kipaahna chu koimahin a lamang thei sih diing hi. David chu kipaahna gah piangsah mikhat ahi ngei hi.

Lalpa ka pom nung kum sawmli leh khat bang ahita a, ka

lungsiatna masa kipaahna ka mangsahkha ngei sih hi. Nichinin lungkimna toh ka hing zing nalai hi. Kum sagih sung natna tuamtuam toh damlou in ka um hi, hizongleh Pathian silbawltheihna in khatveithu in huh natna zousiah ahung sudam hi. Thakhat in Khristian ka hung hi a huleh innbawlna mun ah na ka tong hi. Sepna hoihzaw mu thei ka hi a hizongleh natoh hahsazaw ka tel hi ajiahchu hikhu Lalpa Ni Siangthou ka tang theihna diing lampi umsun ahih jiah ahi.

Ziingkal tengin daah li in ka thou a huleh ziing thumkhawmna ah ka tel hi. Suun antuun toh natong diingin ka kuan hi. Ka sepna mun ka tunna diingin bus in daahkal khat leh a kim ka pai hi. Khawlna mumal nei lou in ziingkal apat in nitaah dong ka tong hi. Hichu nagumtah ahi. A ma in thagum a nasep ka sem ngei sih hi huleh hu tengteng tung ah kum tampi ana damlou ka hi a, hujiahin hichu kei a diinga na nuam ahi sih hi.

Zaan daah sawm in, natohna apat in ka hung kileh hi. Ka kisusiang zualzual a, nitaah an ne in, Bible sim in huleh haamtei in huleh zaankim in ka lum hi. Ka zi in zong in chin a luut in van a zuaah hi, hizongleh ka damlouh sunga ka leiba uh a thuai ana kigawmte toh ditzohna diing chu a hahsa mahmah hi. A dihtahin, nichin in ka hing liailiai uhi. Sum leh pai a buai mahmah zongleh ung, ka lungtang chu kipaahna in a dim zing a huleh hunlemchang ka neih teng in tanchinhoih ka soi zing hi.

"Pathian a hing hi! Kei hung en un! Sih ngaah mai a um ka hi a, hizongleh Pathian silbawltheihna jala suhdamsiang a um ka hi a huleh hichituha chidam a um ka hi!"

A tahtah dinmun chu a hahsa a huleh sum lam ah a buaihuai mahmah hi, hizongleh sihna apat hung hundam Pathian lungsiatna jalin ka kipaah zing hi. Ka lungtang chu Vaangam kinepna in a dim hi. Pastor hi diinga Pathian kouhna ka tan zoh in, mihing in a thuaah zohlouh diing dihlouhtaha thuaahgimna leh silte ka thuaah a, huchi ahihvangin ka kipaahna leh lungkimna a dai tuan sih hi.

Bangchidan hikhu hi thei ahiai? Lungtang kipaahna in kipaahna tamzaw a piangsah hi. Kipaahthu ka soina diing silte ka hawl zing a huleh Pathian ka kipaahthu soina haamteina ka laan zing hi. Kipaahna haamteina chauh hilou in, Pathian kawm a kipaahthu soina sillat piaah chu nuam ka sa hi. Biaahna kikhop tenga Pathian kawm kipaahthu soina sillate ka lat ban ah, sildangte a diingin zong Pathian kawm ah kipaah sillate chihtahna toh ka pe zing hi. Kouhtuam member ginna a khangtoute a diingin zong kipaahthu ka soi hi; gamdang chialpina lianpipi tungtawn a Pathian loupina ka piaah diing ahung phalsah jalin; kouhtuam khanna ahung piaah jalin, kipaahthu ka soi hi. Kipaahthu soina diing jiah ka hawl hi.

Hujiahin, Pathian in tawp lou in gualzawlna leh khotuahna ahung piaah a huchia kipaahthu ka soi zing theihna diingin. Hun hoih hun chauh a kipaahthu ka soi a huleh hun hoihlou a kipaahthu ka soi louh a ahihleh, tua kipaahna ka tan ka tang sih diing hi.

Kipaahna gah na suan nopleh

Khatna ah, tahsa na paihmang diing ahi.

Enna ahihlouhleh thangsiatna na neih louhleh, midangte phat ahihlouhleh gualzawl a, a um chiangun eimah hung kiphat leh gualzawl a um mahbangin i kipaah diing uhi. A lehlam ah, enna leh thangsiatna i neihna chiangchiang ah midangte ahung khantouh i muh chiangin nuamsahlouhna i nei diing uhi. Midangte tung ah nuammoh sahna i nei diing va, ahihlouhleh kipaahna mangsah leh lungnuam thei lou in i um maithei hi ajiahchu midangte dopsang a, a umna chiang ah midang sanga ngiamzaw a kingaihna i nei diing uhi.

Huleh lungthahna leh mudahna i neih louh va ahihleh, midangte ahung huhamtaha ahung bawl uh ahiai ahihlouhleh siatna ahung tut chiangun zong, hamuanna chauh i nei diing uhi. Muhdahna hau leh lungmuangmoh in i hung um uhi ajiahchu eimah tahsa i nei uhi. Hih tahsa chu lungtang a puaahgih banga puaahgih hung neisahtu ahi. Eimah lawhna diing ngaihtuah mi i hih va ahihleh, midangte sanga mangzaw banga i um chiangin hahsa leh na i sa diing uhi.

Tahsalam hihnate eimah a i neih chiangun, meelmapa dawimangpa leh Setan in tahsalam hihnate tohthou in i kipaah theih hetlouhna diing mun a siam hi. Tahsa i neihna chiangchiang ah, hagaulam ginna i nei thei sih hi, huleh Pathian a kinga thei lou in lauhna leh buaina diing tamsem i nei diing uhi. Hizongleh Pathian a kingate chu tuni a diing bangmah neeh diing zongleh uh a kipaah thei uhi. Ajiahchu Pathian in A lalgam leh A dihtatna i hawl masat chiangin i taahsapte Amah ahung pe diing chih ahung chiam hi (Matthai 6:31-33).

Ginna dihtah neite'n dinmun hahsa bangtobang ah zong kipaahthu soina haamteina tungtawn in silbangkim amah khut ah a nga diing uhi. Lungtang hamuangtah toh Pathian lalgam leh dihtatna a hawl masa diing va huzoh chiangleh a poimohte uh a hawl diing uhi. Ahihvangin Pathian kinga lou a himahleh amau lunggel leh lemgelna a kingate chu mannabei leh tawldam thei lou in a um uhi. Sumkawlveite'n Hagau Siangthou aw chiantaha a heet va huleh a juih chiangun khantouhna lampi ah pui theih ahi diing va huleh gualzawlna a tang diing uhi. Hizongleh duhamna, thuaahtheihlouhna, huleh thudihlou ngaihtuahna a neih sungteng uh, Hagau Siangthou aw a za thei sih va huleh hahsatna a tuaah diing uhi. A tomkim in, kipaahna i suhmang jiah uh pipen chu i lungtang tahsa sil i neihte uh jiah ahi. I lungtang a tahsa i paihmangna chiangchiang ah hagaulam kipaahna leh kipaahna tamsem i nei diing va, huleh silbangkim ei a diingin a hoih diing hi.

Nihna, silbangkim ah Hagau Siangthou deihna i juih diing uh ahi.

Kipaahna i hawl uh chu khovellam kipaahna ahi sih hi, hizongleh tunglam a hung kipan kipaahna, chihchu Hagau Siangthou kipaahna ahi. I sunga um Hagau Siangthou a kipaah chiangin i nuam un huleh i kipaah thei uhi. Hiteng tung ah, kipaahna dihtah chu i lungtang toh Pathian i biaah a, Amah a i nget leh phat a, huleh A Thu i juih chiangin ahung um hi.

Huleh, Hagau Siangthou thuzohna tungtawn a i chitlouhnate i heetdoh va huleh i suhhaat chiangin, bangtobang a nuam in i um viai! I 'hihna' thah a ma a i hihna tobang hilou i muhdoh chiangun kipaahna leh nuamna i nei diaah uhi. Pathian in ahung piaah kipaahna chu khovel kipaah khatpouh toh a kitehkaah thei sih hi, huleh koimah in a lamang thei sih hi.

I niteng hinkhua a i bangtobang thupuuhna siam i hiviai chih a kinga in, Hagau Siangthou deihna ahihlouhleh tahsa deihnate i jui diing uhi. Hun tenga Hagau Siangthou deihna i juih va ahihleh, Hagau Siangthou eimah a kipaah diinga huleh kipaah in ahung dimsah diing hi. 3 Johan 1:4 in hichiin a chi hi, "Hih sanga kipaahna ka nei sih hi, ka tate thudih ah a pai uh chih sangin." A kisoita bangin, Pathian in thudih i juih chiangun A kipaah a huleh Hagau Siangthou a dimna a kipaahna ahung piaah hi. Etsahna diingin, i lawhna diing chauh hawl utna i neih utoh midangte lawhna diing hawlna a kiphuutkhaah chiangun, i deihpen jui thei diing bangin a um hi, hizongleh hagaulam kipaahna i nei sih diing uhi. Huchihna sangin, lungtang a sia leh pha heetna nathuaahna ahihlouhleh gimna i nei diing uhi. A langkhat ah, midangte lawhna diing i hawl unchu, tomkhat chu a mang bangin i um va, hizongleh tunglam apat in kipaahna i ngah diing uhi ajiahchu Hagau Siangthou a kipaah hi. Hutobang kipaahna tuaahkhate chauh in a nopdan a hesiam diing uhi. Hichu khovel a koimah in a piaah theihlouh ahihlouhleh a heetsiam theihlouh kipaahna ahi.

Unau pasal nih tangthu a um hi. A upazaw in an neeh zoh chiangin a kuang a hem sih hi. Hujiahin, an neeh zoh chiangin a nauzopen in kuang a hem zing a, nuammoh a sa hi. Nikhat, a upazaw in an ne zou a paikhiaah lain, a naupangzaw in hichiin a chi hi, "Kuang na hep diing ahi." A upazaw in, "Nang na hep di ahi," chiin kisuanglah hetlou in a dawng a huleh a pindan ah a luut hi. A naupangzaw in a deih sih a, hizongleh a upa chu a pawtkhe zouta hi.

A naupangzaw in a upa chu amah kuang sil diingdan chi ahi sih chih a he hi. Hujiahin, a nauzopa'n chu kipaahtahin a upa na a toh mai theih ahi. Huchiangleh, a nauzaw in kuang a sil gige diinga, huleh a uzaw in a buaina a ngaihsah diing ahi sih chiin na ngaihtuah maithei hi. Hizongleh hoihna a i gamtat va ahihleh,

Pathian chu sil henglimdangtu diing ahi.

Pathian in a uzaw lungtang a heng in hichiin ama'n ngaihtuahna ahung nei diing hi, "Hung ngaidam in ka naupa kuang ka silsah gige hi. Tu a kipat in, amah kuang leh kei a ka silta diing hi.

Tehkhinna a bangin, tahsa deihnate tomkhat sung lawhna diinga i juih va ahihleh, nuammoh sahna leh kinial i nei zing diing uhi. Hizongleh Hagau Siangthou jui a i lungtang vapat midang na i tohsah va ahihleh kipaahna i nei diing uhi. Hih daan chu sil zousiah a zattheih hi. Khatvei nangmah tehna apat midang na teh maithei hi, hizongleh na lungtang na heng a huleh hoihna a midang na heetsiam a ahihleh, muanna na nei diing hi. Midang nangmah mizia toh kibang lou ahihlouhleh midang nang ngaihdan toh kibang lou na muh chiangin bang na chi ei? Amah na kihepmangsan sawm ei, ahihlouhleh nuihmai toh na chibai ei? Ginglou mite muhdanin, a deihlouhte uh chu tung a siam sangin amaute kihepmangsan a huleh kiheetmohbawl a nuamzaw maithei hi.

Hizongleh Hagau Siangthou deihna banga gamtate'n hutobang mite chu natohsah utna lungtang toh nuihmai a pe diing uhi. Midangte nuamtaha umsah diing tupna toh eimah leh eimah i kisihsah chiangun (1 Korinthete 15:31), tunglama hung kipan muanna leh kipaahna i tangkha diing uhi. Huban ah, koiahakhat deihlouh a ahilouhleh a mizia ei a toh kibang lou mikhat muhdahna i neih louh chiangin, muanna leh kipaahna i nei gige diing uhi.

Pathianni kikhopna a hung kikhawm lou kouhtuam member khat veh diing chia kouhtuam upa khat in ahung kou hi ahihlouhleh suti nei zepzep lou na hihtoh na suti ni in tanchinhoih soi diinga kouh in na um hi. Na lungsim ningkhat ah na tawldam ut a, na lungsim ning khat ah Pathian natoh na ut hi. A khatzosamsam bawlna diingin na deih na tel thei hi, hizongleh ihmut hai leh na tahsa na nuamsah in kipaahna ahung tut sih diing hi.

Pathian natohna diinga na hun leh na neihte na piaah a ahihleh Hagau Siangthou bukimna leh kipaahna na chiamkha diing hi. Hagau Siangthou deihna na juih gige a ahihleh, hagaulam kipaahna tamsem na neih chauh hilou in na lungtang zong thudih lungtang ah a kiheng semsem diing hi. Huchiang mah ah, kipaahna gah mintah na suang diinga, huleh na meel zong hagaulam vaah toh ahung taang diing hi.

Thumna, kuhkaltaha kipaahna leh kipaahthu soina chi i tuh diing uh ahi.

Loubawlmi a diingin tohgim gah atna diingin, haichi tang a tuh a huleh a etkol a ngai hi. Huchi mahbangin, kipaahna gah suangna diingin, kipaahna dinmun chu kuhkaltaha i et va huleh Pathian kawm a kipaahna kithoihna i lat diing uh ahi. Ginna nei Pathian tate i hihva ahihleh, kipaahna diing sil tampi a um hi!

Khatna, bangmah dang toh kihenpih theihlouh hutdamna kipaahna i nei uhi. Huleh, Pathian hoih chu i Pa uh ahi a, huleh thudih a um A tate A keem a huleh a nget photmah uh A pia hi. Hujiahin, bangchituha kipaah i hiviai? Lalpa Ni i kep siangthou a huleh sawmakhat kichiantah i piaah leh, kum tungtawn in siatna ahihlouhleh tuahsiatna i tuaah sih diing uhi. Sual i bawl louh va huleh Pathian thupiaahte i juih va ahihleh, gualzawlna i tang gige diing uhi.

Hahsatna tuaah zonglei, buaina zousiah suhvengna diing chu Bible bu sawmguup leh guup ah kimu hi. I tatsualna jiaha hahsatna hung tung ahihleh, hutobang lampi apat in i kisiih un leh i kiheimang thei va huchiin Pathian in ahung khotuah diinga huleh buaina suhvengna diing dawnna ahung pe diing hi. Eimah i kinung et a, i lungtang in ahung siamlouhtan louhleh, i kipaah un huleh kipaahthu i soi thei uhi. Huchiangleh, Pathian in bangkim hoihsahna diingin na ahung tong diinga huleh gualzawlna tamsem ahung pe diing hi.

Pathian khotuahna Ama'n ahung piaah chu i neemjul louh diing ahi. Amah kawm kipaah zing leh kipaahthu soi zing a i um diing uh ahi. Kipaahthu soina diing leh kipaahna diing i hawl va ahihleh, Pathian in kipaahthu soina diing dinmun tamsem ah a hung koih diing hi. Huchiin, i kipaahthu leh kipaahna ahung tamsem diinga, huleh a tawpna ah kipaahna gah buching i suang diing uhi.

Kipaahna gah suang nung a zong suunna

I lungtang va kipaahna gah i suang vang un, khatveivei i dah thei uhi. Hikhu chu hagaulam suunna thudih a kibawl ahi.

Khatna ah, kisiihna suunna ahi. I sualna in ahung tut etkhiahna leh zeetna a um leh, buaina suhvenna diingin i kipaah un kipaahthu i soi mawh thei sih uhi. Mikhat sual a bawl nung a zong kipaahtaha a um theih leh, huh kipaahna chu khovellam kipaah ahi a Pathian toh kisaikhaahna a nei sih hi. Hutobang dinmun ah, mittui toh i kisiih va huleh hutobang lampi apat i kiheimang diing uh ahi. 'Pathian a gingta ngala bang diinga hutobang sual bawl thei ka hiai? Lalpa khotuahna bangchidan manghilh thei ka hiai?' chia ngaihtuah a i kisiih tahzet diing uh ahi. Huchiangleh, Pathian in i kisiihna uh ahung pom diinga, huleh hukhu chetna in sualna baang chu suhchip ahi diinga, kipaahna ahung pe diing hi. Vaan a leeng tobang in i zaang un huleh i nuam diing uhi, huleh kipaahna chi thah kipaahthu soina thah tunglam apat ahung diing hi.

Kisiihna suunna chu dahna mittui hahsatna ahihlouhleh siatna in a tut natna jiaha kipawtsah toh a kibang sih hi. Mittui naptui tampi pawt a na haamtei a ahih zongleh, hikhu chu na dinmun nuammoh na sah jiaha kahna ahih sungsiah tahsalam suunna chauh ahi nalai hi. Huleh gawtna lauhna jiah chauh a buaina tuaah diing apat na kihepkhia sawm a huleh na sualnate apat na kiheimang veh tup louh leh, kipaahna dihtah na tang thei sih hi. Ngaihdam na hihlam zong na phawh sih diing hi. Na suunna chu kisiihna suunna dihtah ahihleh, sual bawl utna mah na paihmang a ngai a huleh kisiihna gah dihtah na suang diing hi. Huchiangin tunglam apat hagaulam kipaahna na tang thei kiit pan diing hi.

Huban ah, Pathian suhmualphou hun a suunna ahihlouhleh hagau sihna lampi a paite jiaha suunna a um hi. Hikhu chu thudih suunna dihtah ahi. Hutobang suunna na neih leh, Pathian lalgam a diingin chihtahtahin na haamtei diing hi. Siangthouna leh hagau hutdamna diing leh Pathian lalgam khansahna diing silbawltheihna ngen diing hi. Hujiahin, hutobang suunna chu Pathian mitmuh in kipaahhuai leh pomtaah ahi diing hi. Hutobang hagaulam suunna na neih leh, na lungtang sungnung a kipaahna chu a paimang sih diing hi. Maimual ahihlouhleh lungnuammoh in na haatna a kiam sih diinga, hizongleh kipaahthu soina leh kipaahna na nein alai diing hi.

Kum bangzahahakhat paita ah, Pathian in Pathian lalgam leh kouhtuam a diinga suunna namenlou nei mi khat vaangam inn diing ahung ensah hi. A inn chu sana leh suangmantam manphatah a zep ahi a, a diaahin suangmantam lian leh vaah tampi a um hi. Tuikep in tuikep suang mantam a tha neih zousiah toh a siam bangin, Lalpa batna diingin haamteina in a suun a, huleh Pathian lalgam leh hagaute a diinga haamteina in a suun hi. Pathian in a mittui toh a haamteina chu A thuhkiit hi. Hujiahin, Pathian a gingta in i kipaah zing diing va, huleh Pathian lalgam leh hagaute a diinga zong i suun theih diing uh ahi.

Lungsim dihsah inla huleh sil zousiah ah hoihna jui in

Pathian in mi masapen, Adam, A siam in, Adam lungtang ah kipaahna A piaah hi. Hizongleh Adam in hulaia kipaahna a neih chu hih leitung a mihing chituhna tungtawn juia a i neih uh kipaahna toh a kibang sih hi.

Adam chu mihing, ahihlouhleh hagau hing ahi, chihchu tahsalam hihna a nei sih a, huleh kipaahna toh kikalh bangmah a nei sih hi. Chihchu, ama'n kipaahna luulna heetdohna diingin a tehpih diing bangmah ngaihdan a nei sih hi. Natna thuaahkhate chauh in chidamna luuldan a hesiam uhi. Zawnna hahsatdan hekhate chauh in hauhsatna hinkhua luulna dihtah a hesiam uhi.

Adam in natna a chiamkha sih a, huleh bangtobang kipaahna hinkhua zang ahiai chih a hedoh sih hi. Kumtuang hinna leh Eden Huan kiningchinna zou in um mahleh, a lungtang apat in kipaahna tahtah a zoukha sih hi. Hizongleh sia leh pha heetna singkung apat a neeh zoh in, a lungtang tahsa ahung luut a, huleh Pathian in A piaah kipaahna a mangsah hi. Hih khovel natna ahung tuaahtouh dungjuiin, a lungtang chu dahna, lunghelna, huatna, lungnoplouhna, leh lauhna in ahung dim hi.

Hih leitung ah natna chinteng i tuaah hi, huleh tuin Adam in ana mansah hagaulam kipaahna i muhkiit diing uh ahi. Hikhu ahihtheihna diingin, tahsa i paihmang va, Hagau Siangthou deihna i juih gige va, sil zousiah ah kipaahna leh kipaahthu soina chi i tuh uh a ngai hi. Hitah ah, lungsim dih i behlap va huleh hoihna i juih va ahihleh, kipaahna gah chu a buching in i suang thei uhi.

Eden Huan a um Adam bang lou in, hih kipaahna chu hih leitung a sil tampi kizopna i tuaahkha nung va i ngah uh ahi. Hujiahin, i lungtang thuuhtah vapat hung zamkhia kipaahna ahi a, huleh hichu a kiheng ngei sih hi. Kipaahna dihtah Vaangam a i tan diing uh chu hih leitung ah eimah ah chituh in a umta hi. Bangchidana i leitung hinkhua i zoh chiang va huleh vaan lalgam a i pai chiang va i tan diing uh kipaahna soi thei diing i hiviai?

Luke 17:21 in hichiin a chi hi, "...Huleh, En un, hitah ah, ahihlouhleh enun hutah ah, zong achi sih diing uh: bangjiahin i chihleh ngaiun, Pathian gam chu na lahvah a um hi." Na lungtang a kipaahna gah kintaha na suang a huchia leitung a Vaangam na chep a huleh kipaahna a dim hinkhua a na hin gige chu ka kinepna ahi.

Hebraite 12:14

"Mi zousiah toh kituaahna leh siangthouna delh un, hu siangthouna louin chu kuama'n Lalpa amu sih diing hi."

Bung 4

Hamuanna

Hamuanna gah
Hamuanna gah suangna diingin
Thu hoih soi a poimoh
Midangte muhna apat in piltahin ngaihtuah in
Lungtang a hamuanna dihtah
Lemna bawltu a diinga gualzawlna

Hamuanna

Chi sunga sil umte a muh theih sih hi, hizongleh ahung khalh chiangin, sill um kilawmtah ahung suaah hi. Tui laha chi neukhat ahung julmang chiangin tui zousiah chu umdan a heng hi. An huan poimoh mahmah chu a tuisahna ahi. Chi sunga sil neutah um, neutakhat chauh chu i hinkhua natongsah diinga poimoh petmah hi.

An tuina behlapna diing leh a siat diing venna chi a julmang bangin, Pathian in midangte bawlhoihna diing leh suhsiangna diing huleh hamuanna gah kilawmtah suanna diingin i kipumpiaah uh A deih hi. Tuin Hagau Siangthou gahte laha hamuanna gah i en diing uhi.

Hamuanna gah

Pathian ah gingta mahleh uh, mite'n amau a kisahtheihna ahihlouhleh 'mahni hihna' uh a neih sungteng uh midang toh kituaah in a hing thei sih uhi. A ngaihdan uh dih a sah uleh, midangte ngaihdan a pom sih va huleh deihhuailoutahin a gamta uhi. Pawl sunga a tamzote vote tungtawn in thukimna kibawl mahleh, thupuuhna chu a soisel zing nalai uhi. Midangte hoihna sangin midangte haatlouhna a en zawh uhi. Midangte hoihlouhna zong a soi thei va huleh hutobang thu a thehdalh va, midangte a kikhensah uhi.

Hutobang mite kiim a i um chiangun liing a kibawl lupna tunga tou bangin i um va huleh hamuanna i nei sih uhi. Lemnabotsetute umna ah, buaina, gentheihna, huleh gimthuaahna a um hi. Gamsung, innsung, natohna mun, kouhtuam, ahihlouhleh pawl khat pouhpouh kilemna suhsiat ahih chiangin, gualzawlna lampi chu daal ahi a huleh hahsatna tampi a um diing hi.

Etnop kisuahna ah, a tangvalpa ahihlouhleh a nungaahnu chu

a poimoh thou hi, hizongleh a dangte panmun leh a natong a kithuahpihte panmun zong a poimoh hi. Pawl zousiah a diingin hikhu a dih hi. Hikhu sil neutakhat bangin kilang mahleh, michih in amau na chiat ahung bawl chiangun na chu tohdoh in a um veh hi, huleh hutobang mi chu na lianzaw tongdoh diingin ahung kingansiah thei diing hi. Huleh, mikhat a natoh a poimoh jiahin a kiuangsah diing ahi sih hi. Midangte ahung khanna diing va a kithuahpih chiangin, na zousiah buailou keei in tohdoh ahi thei diing hi.

Romte 12:18 in hichiin a chi hi, "Ahihtheih inchu, na thu va ahihtheih laisiah mi zousiah toh kituaahin um un." Huleh Hebraite 12:14 in hichiin a chi hi, "Mi zousiah toh kituaahna leh siangthouna delh un, hu siangthouna louin chu kuama'n Lalpa amu sih diing hi."

Hitah ah, 'kituaahna' kichi chu, eimah ngaihdan dih zongleh, midangte ngaihdan toh paikhawm thei chihna ahi. Midangte a diinga lungnopna piaah ahi. Hichu lungtang zaidam sil khatpouhpouh thudih huamsung ahih sungsiah lemsahpih veh theihna ahi. Hichu midangte lawhna diing ngaihtuah a huleh deihsahtuam neihlouhna ahi. Hichu mahni mimal ngaihdan soidoh diing kivenna huleh midangte haat louhna et diing kivenna jala midangte toh buaina ahihlouhleh kihauna neih louh tupna ahi.

Pathian tate'n zi leh pasal, nulepate leh tate, huleh sanggamte leh innveengte kikal kituaahna umsah chauh hilou in, hizongleh mi zousiah toh kituaah a, a um diing uh ahi. A lungsiatte uh chauh toh kituaahna a neih diing uh hilou in hizongleh amau hotute leh hahsatna tuttute toh zong a kilem diing uh ahi. Kouhtuam a kituaahna umsah chu a poimoh diaahkhol hi.

Kituaahna suhsiat ahih chiangin Pathian in na a tong thei sih hi. Hikhu in Setan kawm ah ei ahung ngohna diing hun lemchang i bawlsah hi. Huleh, na hahtoh in tong in huleh Pathian gam natohna ah siltup thupitah tongdoh zongleh, kituaahna a um louhleh phat in i um thei sih uhi.

Siamchiilbu 26 ah, Isaak chu midangte'n amah a chou lai un zong bangkim ah mi zousiah toh kilemna nei in a um hi. Hichu Isaak in, kial pumpelh diing a tupna a, Phillistinete tenna a a chiah lai ahi. Pathian apat in gualzawlnate a tang hi, huleh a belaamte leh bawng honte ahung pung a huleh a inkuan thupitah Phillistinete'n amah a thangsiat va huleh Isaak luikhuuh chu lei a vuhsah in a nang uhi.

Hu gam ah guahzu kiningching a nei sih va, huleh a diaahin nipi chiangin guah a zu sih hi. Tuikhuuh chu hinna gui uh ahi. Isaak in, bangteng hileh, amaute a kinialpih ahihlouhleh a kisualpih sih hi. Amun nusia in mundang ah a tou kiit mai hi. Hahsatna tampi toh tuikhuuh a muh chiangin, Phillistinete hung pai in amau a ahi chiin ahung chi teitei jel uhi. Ahihvangin, Isaak in ana nial kei sih a ana pekhe jel mai hi. Mundang ah a kisuan a huleh tuikhuuh dang a tou jel hi.

Hitobang in tampivei a paikual hi, hizongleh Isaak in huh mite chu hoihna chauh toh a bawl hi, huleh Pathian in a chiahna phot a tuikhuuh mu diingin A gualzawl hi. Hikhu mu in, Phillistinete'n Pathian amah toh A um chih a hedohta va huchiin a buaipih nawn sih uhi. Isaak in amah dihlouhtaha a bawl jiahun kinialpih in ahihlouhleh kisualpi taleh, amaute meelma ahung hi diinga huchiin a gam uh a nuutsiat a ngai diing hi. Amah luang a, a dihna thu hoihtaha soi thei diingin himahleh, Phillistinete lunggel hoihlou toh kinahna diing hawl ahihjiahun a phatuam sih diing hi. Hikhu jiahin, Isaak in hoihna toh a bawl a huleh kilemna gah a suang hi. Hitobang a hamuanna gah i suang va ahihleh, Pathian in sil zousiah ahung thunun diinga huchiin sil zousiah ah i khangtou thei uhi. Tuin, bangchiin hih hamuanna gah i suang thei diviai?

Hamuanna gah suangna diingin

Khatna ah, Pathian toh kilem a i um diing uh ahi. Pathian toh kilem a umna diinga poimohpen chu sualna baangte neih keei louh diing ahi. Adam in Pathian Thu a bohsiat a huleh neeh louh diing theigah a neeh jiahin Pathian apat a kisel a ngai hi (Siamchiilbu 3:8). Hun paisa ah, Pathian toh kinaih mahmah in a um va, hizongleh tuin Pathian umpihna in lauhna leh kigamlatna lungsim a neisah hi. Hikhu jiah ahihleh a sualna jiahin Pathian toh a kilemna uh suhtan ahi.

Hitobang mahin eite zong i hi uhi. Thudih a i gamtat chiangin, Pathian toh kilem in i um tei va huleh Pathian mai ah kimuanna i nei thei uhi. A dihtahin, hamuanna buching leh bukim i neih theihna diingin, sualnate leh gilou zousiah i lungtang vapat i paihmang diing va huleh i kisuhsiangthou diing uh ahi. Hizongleh tuin bukim nai sih mahlei, i ginna buuhna chiang va kuhkaltaha thudih i juih va ahihleh, Pathian toh kilem in i um thei uhi. A tuung apat in Pathian toh kilemna bukim i nei ngal thei sih uhi, hizongleh i ginna buuhna sunga Amah toh kilemna juih i sawm chiangun, Pathian toh kilemna i nei thei uhi.

Midangte toh kilem a um i tup chiang nasan un zong, Pathian toh kilem a um i tup masat diing uh ahi. I nulepate, tate, zite-pasalte, lawmte, huleh seppihte kilep sawm mahleh, thudih kalh a bangmah i bawl keei louh diing uh ahi. Chihchu, midangte toh kilepna juia umna diingin Pathian toh kilepna i suhsiat louh diing uh ahi.

Etsahna diingin, i inkuanpih gingtuloute toh kilepna diinga milim mai a i kuun ahihlouhleh Lalpa Ni i suhsiat uleh bang a chi diai? Hun tomkhat a diingin kilemna nei bangin a kilang maithei a, hizongleh a dihtahin Pathain maia sualna baang siam in Pathian toh kilemna nasatahin i susia uhi. Midangte toh kilepna diingin sual i bawl thei sih diing hi. Huleh, i inkuanpihte ahihlouhleh lawm khat kitenna hohna diinga Lalpa Ni i botsiat va ahihleh, hichu Pathian toh kilepna suhsiatna ahi a, huleh a tawpna ah, hutobang mite toh zong kilemna dihtah i nei thei sih uhi.

Eite a diingin mihingte toh kilemna dihtah neihna diingin, Pathian suhlungkim masat a ngai hi. Huchiangin, Pathian in meelmapa dawimangpa leh Setan A delhmang diinga huleh migiloute lungsim heng in huchiin michih toh kilemna i thei diing uhi. Thupilte 16:7 in hichiin a chi hi, "Mi a umdaan in Lalpa a suhkipaah chiangin a meelmate tanpha amah toh kilemin abawl hi."

A dihtahin, thudih sunga theihtawp suah in panla zonglei midang in kilemna a suhsiat sawm teitei diing uhi. Hutobang dinmun ah, a tawp tandong a thudih a i dinkip leh, Pathian in silbangkim a hoihpen diingin ahung tongdoh diing hi. Hikhu chu David leh Kumpipa Saul tunga silting ahi. Kumpipa Saul in a thangsiat jiahin David a thah tum a, hizongleh David in a tawp tandong in hoihna in a bawl hi. David in tampivei thah theihna diing hun lemchang a nei hi, himahleh hoihna juiin Pathian toh kilemna delh chu a tel hi. A tawpna ah, Pathian in David a natoh hoih thuhna in laltouphah ah a tousah hi.

A nihna, eimah a kilemna i neih diing uh ahi.

Eimah a kilemna i neihna diingun, gilou a kilang zousiah i paihmang va i kisuhsiangthou diing uh ahi. I lungtang va gilou i neih laisiah uh, i giitlouhna uh dinmun kihengna zousiah dungjuiin tohthou in a um diinga, huleh kilemna chu suhsiat in a um diing hi. I ngaihtuahna banga sil a pai hoih chiangin hamuanna nei bangin i ngai maithei uhi, hizongleh sil a hoihlouh chiangin kilemna suhsiat in a um a huleh i lungtang a giitlouhna ahung sukha hi. Huatna ahihlouhleh lungthahna i lungtang ah a sou chiangin, bangchituha nuam lou ahiai! Hizongleh bangtobang dinmun a ding zonglei, thudih i tel zing va ahihleh, lungtang a hamuanna i nei uhi.

Mi khenkhatte'n, bangteng hileh, Pathian toh kilepna diingin thudih bawl tum in um mahleh uh a lungtang vah kilemna dihtah a nei sih uhi. Hikhu jiah chu amaute'n mahni-kidihtatsahna leh amau hihna kikoihdan a neih jiah uh ahi.

Etsahna diingin, mi khenkhatte'n lungsim a muanna a nei sih uhi ajiahchu amaute Pathian Thu in a kaan hi. Job zeet a, a um ma a bangin, naahpi in a haamtei va huleh Pathian Thu dungjuiin hin a tum va, hizongleh hichu Pathian a lungsiatna utoh a bawl sih uhi. Pathian gawtna leh a silbawl uh man piaahna lauhna jala Pathian Thu a hing ahi uhi. Huleh bangchidan ahakhat a thudih a bohsiat ahihleh, bangahakhat a hoihlou khat a tung vah tungkha inteh chih lauahna toh a lungbuai mahmah uhi.

Hutobang dinmun, thudih guntuhtahin bawl mahleh uh a lungtang uh bangchituh a suhgim a um diing ahai! Hujiahin, a hagaulam khanna uh a tawp a ahihlouhleh a kipaahna uh a mangsah uhi. A tawp ah, a mahni kidihsahna uleh a lungsim puaahdan uh jiahin a thuaahgim uhi. Hitobang dinmun ah, daan kepbit diing chauh buaipih a um sangin, Pathian lungsiatna chu a chituh tum diing uh ahi. Mikhat in a lungtang zousiah toh Pathian a lungsiat a huleh Pathian lungsiatna a hedoh a ahihleh, kilemna dihtah a tang diing hi.

Hiah etsahna dangkhat a um hi. Mi khenkhatte'n a ngaihtuahna uh dihlouh jiahin amau toh kilemna a nei sih uhi. Thudih juih a sawm va, hizongleh a tunna diing uh va a deih bang uh a tun louh chiangun amau leh amau a kimohsa va huleh a lungtang vah natna a kitut uhi. Pathian mai ah nuammoh a sa va huleh a taahsap uh tam chiin a lungkia uhi. 'Ka kiim a mite lungkia uleh bang a chidiai?' chiin hamuanna a mangsah uhi.

Hutobang mite chu hagaulam naupangte ahung hih diing uh ahi. Hutobang naupangte a nulepate uh lungsiatna gingtate ngaihtuahna chu a mawl mahmah hi. Sil a bawlkhelh chiangun zong, a nulepate mai ah a kisel sih va, hizongleh a nulepate uh ang a boh in a kiit chianga hih hoihzaw diingin a soi uhi. Hung ngaisiam in huleh muanzohna meel deihhuaitah toh a kiit chiangin a bawl hoihzaw diing a chih va ahihleh, a nulepate un tai ana sawm zongleh uh nuisah thei mai diing uhi.

A dihtahin, a kiit chiangin ka bawl hoihzaw diing chia huleh na bawl khelh ngei a bawl tou zing chihna ahi sih hi. Sualnate apat a na kiheimang ut a huleh a kiit chianga bawl hoihzaw na ut tahtah leh, Pathian in bang diinga hung kiheimangsan diing ahiai? Kisiih tahzette chu midangte jiahin a lunglel sih va ahihlouhleh a lungke sih uhi. A dihtahin, dihtatna dungjuiin gawtna a tuaah un ahihlouhleh tomkhat mun ngiamzaw ah koih in a um maithei uhi. Ahihvangin, Pathian in amau a lungsiatna a heetchian va ahihleh, Pathian gawtna chu thanopna toh a pom thei diing va huleh midangte ngaihdan ahihlouhleh thusoi poi a sa sih diing uhi.

A lehlam ah, a ginglel zing a, a sualnate uh ngaihdam louh ahi diing chih a ngaihtuah zing uleh Pathian a kipaah sih hi. A kisiih tahzet va huleh a lampi vapat a kihei va ahihleh, ngaihdam ahi uh chih gintaat chu Pathian mitmuh a sil kipaahhuai ahi. A natoh hoihlouh jiahin gimthuaah a, a um uleh, kipaahna leh kipaahthu soina toh a pom va ahihleh gualzawlna ahung suaah diing hi.

Hujiahin, bukim nai sih zonglei Pathian in ahung lungsiat hi chih i gintaat diing uh ahi, huleh i kihen sawm va ahihleh Ama'n ahung subukim diing hi. Huleh, i gimthuaahna va suhngiam a i um uleh, Pathian a tawp chianga hung tungsang diingpa i gintaat diing uh ahi. Midangte'n ahung heetpha diing deih a ngaahlahtaha i um louh diing uh ahi. Lungtang dih leh natoh dih i kholtouh zing va ahihleh, eimah ah kilemna leh hagaulam kimuanna zong i nei thei uhi.

Thumna ah, koipouh i kilem diing uh ahi.

Michih toh kilemna neihna diingin, eimah i kipumpiaah theih uh a ngai hi. Midangte a diinga, i hinna pe diing khop a, i kipiaahdoh uh a ngai hi. Paul in, "nitengin ka si," a chi hi, huleh michih toh kilepna diingin Paul in a chih bangin, eimah silte, i ngaihdan, ahihlouhleh deihdan i chih teitei louh diing uh ahi.

Kilemna neihna diingin, kilawmloutaha gamtat ahihlouhleh kiphat leh kiuahsah louh diing ahi. Lungtang apat i kingaihngiam va huleh midang i dopsang diing uh ahi. Khentuam i neih louh va, huleh huh toh kiton a, midangte umdan chituam zong i pom theih uh a ngai hi, chih chu, hukhu chu thudih sunga um bangin ahih diing ahi. Mahni ginna buuhna toh sil i ngaihtuah louh va hizongleh midangte muhdan apat ahih diing ahi. I ngaihdan dih zongleh, ahihlouhleh a hoihzaw hizongleh, midangte ngaihdan i pom theih uh a ngai hi.

Ahihvangin, hichu midangte sual bawl a sihna lampi tawn a paite amau um a umsah a lampi va paisah diing chihna ahi sih hi. Huleh amau dandan um a ahihlouhleh thudihlou bawl a amaute toh kithuah diing chihna zong ahi sam sih hi. Khatveivei amaute chu i thuhilh va ahihlouhleh lungsiatna toh taihilh diing ahi. Thudih sung a kilemna i hawl chiangun gualzawlna nasatah i tang thei uhi.

A ban ah, miteng toh kilem a umna diingin, mahni dihtatna leh lungputdan a i pai sawm teitei louh diing uh ahi. 'Lungputdante' chu mahni mimal mihihna, deihna apat mikhat in a diha a ngaihtuahte ahi. 'Mahni-kidihsahna' chu midangte tunga mahni ngaihdan, ginna, leh heetdan midangte sangzaw a koih khu sulnom sawmna ahi. Mahni-kidihtatsahna leh lungputdante chu i hinkhua ah ze tuamtuam in a kilang hi.

Mikhat in daan kibawlte dihlou ahi chih ngaihdan toh kompani khat daan a bohsiat khu kisiamtan taleh bang a chi diai? Sil bawl dih in a kingaihtuah diinga, hizongleh chiangtahin a lamkailian ahihlouhleh a seppihte'n a lehlam ah a ngaihtuah diing uhi. Huleh, thudih dungjuia midangte ngaihdan chu thudihlou ahih sungteng midangte ngaihdan i juih diing uh ahi.

Mimal chih in mizia tuam a nei chiat a nei hi ajiahchu michih mun tuamtuam apat a khanletsah ahi. Michih in siamzilna leh ginna buuhna tuam a nei chiat hi. Hujiahin, michih in a dih leh dihlou huleh a hoih ahihlouhleh a hoihlou khenna diing tehna tuam a nei chiat hi. Mikhat in sil khat a dih a chih lain midang khat in a dihlou a chi diing hi.

Etsahna diingin pasal leh zi kikal a kizopna i soi diing uh. A pasal in inn chu siangthousah zing a deih a, hizongleh a zi in a deih sih hi. A pasal in lungsiatna toh a tuung in a thuaah a huchiin amah in a susiang hi. Hizongleh hikhu chu ahung paitou jel a, ahung chimtaahta hi. A zi in innsung kepdan bangmah heet tahtah nei lou ahi chiin ahung ngaihtuah panta hi. Bang diinga a zi in sil houtah khat bawl thei lou ahiai chiin ahung ngaihtuahta hi. Hilh jel mah zongleh, kum tampi nunga bangchidan a um kiheng lou ahiai chiin limdang a sa hi.

A lehlam ah, a zi in zong soi diing a nei hi. A pasal tunga a lungkiatna hung pungtou jel a, 'Kei chu inn susiang diing leh inn nasem diing a um ka hi sih. Khatveivei inn ka suhsiang theih louhleh, ama'n a bawl diing ahi. Bang diinga soisel gige ahiai? A tuung in kei a diingin ahung hihsah nuam a, hizongleh tuin sil neucha ah zong a phun hi. Ka innsung kihilhna nasan ahung soikha hi,' chiin a ngaihtuah hi. A ngaihdan uleh a deihdan tuaah uh a chih teitei va ahihleh, kilemna a nei thei sih veleh. Kilemna chu midang muhdan a poimoh ngaih va huleh na a kitohsahtuah chiangun a um thei hi, huleh amau muhdan toh chauh a ngaihtuah louh chiangun.

Jesu'n, Pathian a sillat i piaah chiangin, i sanggampa tunga lungkimlouhna i neih leh, amah toh va kilem masat a huchiang a sillat laan diinga chiah kiit diing ahi (Matthai 5:23-24). Huh sanggampa toh kilepna i neih zoh chiang huleh sillat i lat leh chauh in i sillat chu Pathian in ahung sang diing hi.

Pathian leh amaute toh kilepna neite chauh in midangte toh kilemna a sukeeh sih diing uhi. Koimah toh a kinial sih diing uhi ajiahchu a duhamna, a huhamna uh, kisahtheihna, huleh mahnikidihtatsahna huleh lungputdan ana paihmang zou ahi diing uhi. Midangte a giitlouh chiang un huleh buaina a bawl chiangun, hih mite'n kilemna bawlna diingin amau leh amau a kipumpiaah diing uhi.

Thu hoih soi a poimoh

Lemna i hawl chiang va i poimoh sil nihlehthum a um hi. Kilemna umsahna diinga thu hoih chauh soi a poimoh mahmah hi. Thupilte 16:24 in hichiin a chi hi, "Thu lungdamhuai chu khuaiju tobang ahi a, hinna adiinga hum, huleh guhte adiinga damna ahi." Thu hoih in lungkhamte haatna leh hangsanna a piaah hi. Hagau si diingte a diing damdawi hoihtah ahung suaah hi.

A lehlam ah, thu hoihlou in kilem a susia hi. Rehoboam, Kumpipa Solomon tapa, in laltouphah ahung luah in, nam sawmte'n kumpipa kawm ah a natoh kiamsah diingin a ngen uhi. Kumpipa'n a dawng a, "Huleh tangvaalte thuhilh mahbangin a dawng a, Ka Pa in na ngawngkol uh a gihsah a. hizongleh keima'n ka behlap nalai diing; ka pain vuaahna in nang uh ahung sawi a, hizongleh keima'n momaai in ahi nanguh ka hung sawih diing, chiin" (2 Khangthute 10:14). Hih thute jiahin, kumpipa leh mipite chu a kituaah sih va, hikhu jiahin a gam chu phel ni a kisuah hi.

Mihing lei chu sapum a neutakhat ahi, hizongleh hikhu in silbawltheihna nasatah a nei hi. Hikhu meikuang neucha meikuang nasatah hung suaah thei leh a kisuhmit louha ahihleh siatna tampi tut thei sil tobang ahi. Hikhu jiahin Jakob 3:6 in hichiin a chi hi, "Huleh lei chu mei ahia, i sapum hiangte laha tatsiatna lompi chu lei ahi; huchiin leiin sapum a bawn in a subolhhoha pianpih hinkho lampi chiah kualvelna chu a kaangsaha; huleh amah chu gawtmun mei in a kaang veu hi." Huleh, Thupilte 18:21 in hichiin a chi hi, "Sihna leh hinna chu lei silbawltheihna ah a um hi, huleh a deihte'n a gah a ne diing uhi."

A dihtahin, ngaihdan kibatlouh jiaha huatna thute ahihlouhleh soiselnate i neih va ahihleh, hute'n lunggel hoihlou a tuunkhawm a, huleh huchiin, meelmapa dawimangpa leh Setan in hute jiahin ngohnate ahung tut hi. Huleh, soiselna leh mudahna laluut a huleh hutobang ngaihtuahna a polam a thusoi leh natoh a latsah a kibang sih hi. Na sakhau a pentui bawm puaah chu sil khat ahi a, hizongleh a siin hong a, a tui buaahkhiat chu thudang ahi. Na buaahkhiat a ahihleh, nang leh na kiim a um mite na suniin diing hi.

Huchi mahbangin, Pathian na na toh chiangin, sil khat ngaihdan toh a kibat louh jiahin na soisel maithei hi. Huchiangleh, na ngaihdan hung kikoppih khenkhat zong huchimahin a haam diing uhi. Hutobanga nih leh thum ahung phaah va ahihleh, hikhu chu Setan kikhopna inn ahung suaah hi. Kouhtuam ah kituaahna ahung se diinga huleh kouhtuam khanna a tawp hi. Hujiahin, sil hoihte chauh i muh va, i za va, huleh i soi diing uh ahi (Ephesite 4:29). Thudih ahihlouhleh hoihna thu hiloute ngaih zong i ngaihkhia diing uh ahi.

Midangte muhna apat in piltahin ngaihtuah in

A nihna a i ngaihtuah diing uh chu midang tunga lungnoplouhna neih louhna a, hizongleh hu mipa'n kituaahna a susiatna dinmun ahi. Hitah ah, na ngaihtuah diing chu midangte siammoh jiah ahi tahtah nai chih ahi. Khatveivei, nang chu na heet louh kal a midangte kilemmna susesahtu na hi jel hi.

Na ngaihkhawh louh ahihlouhleh thusoi pilhuailou ahihlouhleh na umdante jiahin midang na sulungna maithei hi. Hutobang hun ah, midang toh kilungnopmohna bangmah ka nei sih chia na ngaihtuah zingleh, huh mi toh kilemna na nei thei sih diinga huleh nangmah-kiheetdohna, nang hung heng thei diing a um thei sih diing hi. Midang mitmuh in nang chu lemna bawltu na hi tahtah nai chih na kietchian diing ahi.

Lamkai muhdan apat in, amah chu lemna bawl bangin a kingaihtuah maithei hi hizongleh a natongte'n hahsa a sa maithei uhi. A tung va mite kawm ah a ngaihdan uh kihongtahin a soi thei sih uhi. A thuaah maimai thei va hizongleh a sunglam ah a pona uhi.

Chosun Dynasty a Prime Minister Hwang Hee toh kisai in hunbi khat a um hi. Loubawlmi khat lou a bawngtal nih toh loukai a um hi. Minister in loubawlmi chu aw ngaihtahin a dong a, "Bawngtal nihte lah ah khoipen in na a hahtoh zaw ei?" Loubawlmipa'n ministerpa thakhat in a baan ah a tu a huleh mun gamladeuh ah a pui hi. A bil ah awl in thu a soi a, "A vompen chu khatveivei a thadah a, hizongleh a engpen chu natoh haat ahi." "Bang diinga hitaha bawngtal thu soi diinga hitaha na hung pui a huleh awl a soi na hiai?" Hwang Hee in nui kawm in a dong hi. Loubawlmipa'n dawng a, "Ganhingte nasan in i soisiat chiangin a ut sih uhi." Hwang Hee in a pilvan louhdan ahung hedoh hi.

Bawngtal nihte loubawlmipa thusoi ana hesiam hi uleh bang a chi diai? Bawngtal engpen chu ahung kiuangsah diinga, huleh bawngtal vom in thangsia in bawngtal eng a diingin buaina a bawl diinga ahihlouhleh a kilungkesah diinga huleh a ma sangin a sem tawmzaw diing hi.

Hih tangthu apat in, ganhingte nasan a diinga ngaihtuahna

neihdan diing, huleh khentuam neih theihna thu bangmah soi louh diing ahihlouhleh bangmah bawl louh diing ahihdan i zilkhe thei hi. Kideihsahtuamna a um chiangin, kithangsiatna leh kiuahsahna a um hi. Etsahna diingin, mi tampi mai a mikhat chauh na phat leh, ahihlouhleh midang tampi mai a mikhat na tai leh, kituaahlouhna diing mun na bawl ahi. Hutobang buaina na bawl louhna diingin na pilvan a huleh na pilsiam diing ahi.

Huleh, a lamkailianpa uh deihsahtuam ahihlouhleh khentuambawlna jiaha thuaah mi a um va, huleh amau lamkailian ahung hih chiangun, mimal khenkhat a khentuam va huleh a dangte a deihsahtuam uhi. Hizongleh hutobang a dihlouhtaha bawl na thuaahkha leh, na thusoite leh gamtatdante ah na pilvang diing ahi huchiin kilemna suhsiat ahi sih diing hi.

Lungtang a hamuanna dihtah

Sil dangkhat kilemna na bawl chianga na ngaihtuah diing chu hamuanna dihtah na lungtang a neih diing ahi. Pathian ahihlouhleh amah mah toh kilemna nei loute'n zong midangte toh bangtanahakhat kilemna a nei thei uhi. Gingtu tampite'n lemna a suhsiat louh diing uh ahi chih a ngaikhia hi, huchia amau ngaihdan toh kibanglou mite toh kilungnopmohna huleh a kimaituahna a neih louhna diing va a kideeh theihna diingun. Hizongleh a polam a kihauna neih louh chu hamuanna gah suang chihna ahi sih hi. Hagau gah chu a polam chauh a kisuang hilou in hizongleh lungtang ah ahi.

Etsahna diingin, midang in ahung hoihbawl ahihlouhleh ahung phawhpha louhleh, nuammoh na sa hi, hizongleh a polam ah na kilangsah sih hi. 'Thuaahtheihna neukhat ka neih diing ahi!' chiin na ngaihtuah maithei a, huleh huh mipa chu na hoihbawl sawm hi. Hizongleh a ngeimah in a um maithei hi.

Huchiangleh, lungnoplouhna nana kholkhawm maithei hi. Na mihihna hung sukha in the chia ngaihtuah in na lungnoplouhna na soidoh maithei, hizongleh huh mipa chu a heemzawng in na soise maithei hi. Bangchizawng ahakhat in suhgentheih a um na kisahna na langsah maithei hi. Khatveivei, midangte na hesiam sih hi huleh hukhu in amaute toh kilemna neih diing ahung daal hi. Na kinial va ahihleh na kihaukha diing uh chih lauhna jiahin na kam na chip maithei hi. Huh mipa na simmoh a na houpih nawn sih a, hichiin na ngaihtuah hi, 'Amah chu gilou ahi a huleh a kideihkhop a hujiahin ka houpih thei sih hi.'

Hichibangin, a polam kilemna na susia a, hizongleh huh mipa tung ah na lung a nuam tuan sih hi. A ngaihdan na pompih thei sih a, huleh a kiim a um diing zong ut lou in na kingai hi. A haatlouhnate midangte kawm a soi in amah na soisel hi. Na lungnoplouhna na soikhia a hichiin na chi hi, "Amah chu migilou ahi. Koi in amah huleh a silbawl a hesiam diai! Hizongleh hoihna a gamtang in, amah toh ka kihou thei nalai uhi." A dihtahin, tangtaha kilemna suhsiat sangin hitobanga kilemna suhsiat louh a hoihzaw hi.

Hizongleh kilemna dihtah neihna diingin, na lungtang apat kuan a midang na natohsah diing ai. Hutobang lunggel na sawntum a huleh natohsah na ut nalailai diing ahi sih hi. Midangte natohsah leh midangte phattuamna diing na hawl diing uh ahi.

A sunglam midangte mohpaih a, a polam a na nuih louh diing ahi. Midangte chu amau muhna apat a na et a na heetsiam diing ahi. Huchi chauh in Hagau Siangthou in na a tong thei hi. Amau a diing a hawl lai un zong, a lungtang vah suhkha ahi diing a huleh a kiheng diing uhi. Michih in a haat louhna uh a kiheetdoh chiangun, michih in a moh a kipuaah theih uhi. A tawpna ah, michih in hamuanna dihtah nei in huleh a lungtang uh ahung kikoppih thei uhi.

Lemna bawltu a diinga gualzawlna

Pathian, amah uh, huleh koipouh toh kilem a umte'n mial delhdohna diing thuneihna a nei uhi. Hujiahin, a kiim vah kilemna a bawldoh thei uhi. Matthai 5:9 a kigial bangin, "Lemna bawltute a hampha uhi, ajiahchu Pathian tate chih a um diing ahi ngal va," Pathian tate thuneihna, vaah thuneihna a nei ui.

Etsahna diingin, kouhtuam lamkai na hih uleh, gingtute chu kilemna gah suang diingin na panpih thei hi. Chihchu, thuneihna leh silbawltheihna nei in thudih Thu toh na chawm thei hi, huchiin sualnate toh kikhen thei in huleh a mahni-kidihsahna leh lungputdan uh a suse thei diing uhi. Mite khat leh khat kikhensah Setan kikhopna ahung kisiamdoh chiangin, na thu silbawltheihna toh na suse thei diing hi. Hichibangin, mi tuamtuamte lah ah kilemna na hung bawl thei hi.

Johan 12:24 in hichiin a chi hi, "Chihtahjetin, chihtahjetin ka hung hilh ahi, Buhtang khat leia akiaah a, asih louhleh angenin a um jing; hizongleh asih inchu tampiin agah veu hi." Jesu chu amah leh amah hung kipumpiaah in huleh buhtang bngin a hung si a huleh gah simseenglouhte ahung suang hi. Ama'n hagau si diing simseenglouhte sualnate A ngaihdam a huleh Pathian toh kilem in a umsah uhi. A tawpna ah, Lalpa ngei chu kumpite Kumpi leh lalte Lal a hung pang in zahna leh loupina thupitah A tang hi.

Eimah i kipumpiaah chiang chauh in buuhlaahna lohchingtah i nei thei uhi. Pa Pathian in A ta deihtahte chu kipumpiaah a huleh Jesu bang 'buhtang banga si' a gah tampi suang diingin A deih hi. Jesu'n Johan 15:8 ah zong hichiin A chi hi, "Hikhu ah Ka Pa paahtawi in a um hi, huchia gan na hung suang va, huleh Ka nungjuite na hi uh chih na chetna vah." A kisoita bangin, hamuanna gah suang diing leh hagau tampi hutdamna lampi a puiluutna diingin Hagau Siangthou deihna i jui diing uhi.

Hebraite 12:14 in hichiin a chi hi, "Mi zousiah kilem a um sawm un, huleh siangthouna hukhu tellou a koimah in Lalpa a muhlouh uh toh." Na dihna hi veh zongleh, nang jala midangte'n nuammoh a sah va huleh kihauna a um leh, Pathian mitmuh in a dih sih a, huleh huchiin, nangmah leh nangmah na kiet kiit diing ahi. Huchiangleh, gilou a kilang bangmah nei lou misiangthou huleh Lalpa mu thei na hung hi diing hi. Huchia bawl in, Pathian tate chia kouh a um a hagaulam thuneihna na tang a, huleh Vaangam a dinmun poimohtah hun teng a Lalpa na muhtheihna na tan chu ka kinepna ahi.

Jakob 1:4

"Hizongleh, bangmah tasam loua, na pumva na bukim theihna diingun kuhkalnain tong bukim heh."

Bung 5

Thuaahtheihna

Thuaahzoh ngai lou a thuaahtheihna
Thuaahtheihna gah
Ginna a pate thuaahtheihna
Vaan lalgam paina diing thuaahtheihna

Thuaahtheihna

Tampivei hinkhua a kipaahna chu i thuaahzoh leh thuaahzohlouh a kinga in a bang hi. Nulepate leh tate leh pasalte leh zite kikal, unaute leh lawmte kikal ah, mite'n a thuaahzohlouh jiah va a kisiih mahmah diing uh silte a bawlkha uhi. I lehkhasimna, nasepna, ahihlouhleh sumhawlna a i lohchin diing leh lohsap diing chu thuaahzohna ah naahpi in a kinga hi. Thuaahtheihna chu i hinkhua ah huchitaha poimoh ahi.

Hagaulam thuaahzohna leh khovel mite'n thuaahzohna a ngaihtuahdan un chu a kibang sih mahmah mai hi. Hih khovel a mite'n thuaahtheihna a thuaah uhi, hizongleh hichu tahsalam thuaahtheihna ahi. Lungsim a nopsahlouh a neih va ahihleh suhmit sawm in a genthei mahmah uhi. A ha uh gawi in ahihlouhleh an nasan a ne sih uhi. A tawpna ah hikhu in lungsim ngaihtuahna buaina leh lungkiatna a tut thei hi. Huchi hinapi in hutobang mite'n a lungsim ngaihtuahna uh sawntum theite'n thuaahtheihna thupitah a langsah uhi a chi uhi. Hizongleh hikhu chu hagaulam thuaahtheihna ahi sih hi.

Thuaahzoh ngai lou a thuaahtheihna

Hagaulam thuaahtheihna chu gilou toh thuaahzohna hilou in hizongleh hoihna toh ahi. Hoihna toh na thuaahzoh leh, hahsatna chu kipaahthu soina leh kinepna toh na zou thei diing hi. Hikhu in lungtang lianzaw nei diingin ahung pui diing hi. A lehlam ah, gilou toh na thuaahzoh leh, na lungtang gilou ahung kikhawlkhawm diinga huleh na lungtang chu ahung huham deuhdeuh diing hi.

Mikhat in a jiah bei in ahung haamsiat a huleh ahung suna hi chi nih. Na mihihna hung sukha hung sukha in na he a huleh suhsiat a um in na kingai hi, hizongleh Pathian Thu dungjui a na thuaahzoh diing chih ngaihtuahin na sawntum thei hi. Hizongleh, huchia na ngaihtuahna leh na lunggel na thuzoh sawmna ah na mai ahung san a, na haih ahung gang a, huleh na muuh ahung kikang hi. Hitobang na ngaihtuahna na sawntum sawm a ahihleh, sil ahung hoihlouh chiangin ahung kikapdoh jel diing hi. Hutobang thuaahtheihna chu hagaulam thuaahtheihna ahi sih hi.

Hagaulam thuaahtheihna na neihleh, na lungtang chu bangmah a tohhaang thei sih diing hi. Bangahakhat ah dihloutaha ngoha na um zongleh, bangahakhat heetkhelhkha um hinteh chiin midangte chu lungnuamtahin na koih sawm hi. Hutobang lungtang na neih leh, koihmah na 'dohzoh' ahihlouhleh na 'ngaihdam' a ngai sih diing hi. Etsahna mawltah khat ka hung pe diing.

Phalbi zaan vot nuai ah, inn khat ah mei chu zaan sawt nung tandong in a kitaang hi. Inn a naungeeh chu khosih nei a chisa in 40 °C (104 °F) tan a tung hi. Naupangpa pa in a T-shirt tuivot a diah in naungeeh a dep hi. A p in naungeeh kisiahna puan vot a dep chiangin naungeeh in ana deih louh chu limdang a sa hi. Hizongleh naungeeh in, a T-shirt vot tomkhat he mahleh, a pa ang ah lungmuantahin a um hi.

Naungeeh khosih jiahin a T-shirt hung lum mahleh, a pa'n tuivot in a diahkot kiit hi. A pa'n T-shirt khu khovaah dong in tampi vei a diah hi. Hizongleh a gim hetlou bangin a um hi. Hizongleh a naungeeh a angsung bittah a ihmun chu lungsiatna mitt oh a en zing hi.

Zaankhovaah a hah hizongleh, gilkial ahihlouhleh gim chiin a phunchia sih hi. Amah tahsa kingaihtuahna diing a nei sih hi. A lungsim ngaihtuahna chu naungeeh tung chauh ah a um a huleh a tapa chu bangchileh nuam a sa theizo diai chih chauh a ngaihtuah hi. Huleh ahung hoihdeuh chiangin, a gimna bangmah a ngaihtuah sih hi. Mikhat i lungsiat chiangin, hahsatna leh gimna i thuaahzou a, huleh hujiahin, bangmah ah thuaahzoh a ngaita sih hi. Hikhu chu hagaulam a 'thuaahtheihna' umzia ahi.

Thuaahtheihna gah

'Thuaahtheihna' chu 1 Korinthete bung 13 a, "Lungsiatna Bung" a kimu a, huleh hichu lungsiatna chituhna diing thuaahtheihna ahi. Etsahna diingin, lungsiatna in amah a diing chauh a ngaihtuah sih a chi hi. Hi thu dungjuiin i deihte piaahdoh a huleh midangte lawhna diing ngaihtuah masatna diingin, i thuaahtheihna a poimohna dinmun i maituah uh a ngai hi. "Lungsiatna Bung" a thuaahtheihna kichi chu lungsiatna chituhna diing thuaahtheihna ahi.

Hizongleh Hagau Siangthou gahte laha khat thuaahtheihna khu chu silbangkim a thuaahtheihna ahi. Hih thuaahtheihna chu hagaulam lungsiatna a thuaahtheihna sanga sangzaw thuaahtheihna ahi. Pathian lalgam ahihlouhleh mimal siangthouna diing hitaleh tupna khat i tun sawm chiangin hahsatna a um veu hi. Suunna leh gimthuaahna i tha teng labei a um hi. Hizongleh thuaahzoutahin ginna leh lungsiatna toh i thuaahzou hi ajiahchu a gah loh diing i kinem uhi. Hitobang thuaahtheihna chu Hagau Siangthou gahte laha khat thuaahtheihna ahi. Hih thuaahtheihna toh kisai ah lam thum a um hi.

A khatna chu i lungtang henna diing thuaahtheihna ahi.
Lungtang a gilou i neih tamsem leh, thuaahzoh a hahsa sem hi. Lungthahna, kiuahsahna, duhamna, mahin-kidihsahna huleh lungputdan kisiamtawm i neih va ahihleh, sil neucha a zong hung puangdoh thei lungtomna leh lungnoplouhna i nei diing uhi.

Kouhtuam member khat a haloh 15,000 US dollars vel mi a um hi, huleh ha khat chu a loh paahngai sanga tawmzotham in ahung hi hi. Huin, Pathian kawm ah nasadeuhin a phunchiahta hi. Huzohin ama'n a lungtang a duhamna a neih jiaha tunitan chianga hauhsatna ana tan a kipaah louh chu ahung kiphuangdoh hi.

Sum tampi lohdoh sih mahlei, Pathian in ahung piaah sil zousiah jala i kipaah diing uh ahi. Huchiangleh, i lungtang vah duhamna ahung khang sih diinga huleh Pathian gualzawlna i tang thei diing uhi.

Hizongleh gilou i paihmang va huleh i hung siangthou uh toh kiton in, thuaahzoh chu ahung baihlam semsem hi. Dinmun hahsa ah zong a siptahin i thuaah thei uhi. Bangmah lungsim a sawntum sese lou in midangte i hesiam un huleh i ngaihdam thei uhi.

Luke 8:15 in hichiin a chi hi, "Hizongleh lei hoiha tute chu hichibangte ahi uh; lungtang siangthou leh hoihin thu chu a za va, a pom va, huleh kuhkaltahin gah a suang uhi." Chihchu, leihoih banga lungtang hoih neite'n, gah hoih a suang masang uh a thuaahzou uhi.

Ahihvangin, thuaahzohna i poimoh nalai va huleh i lungtang leihoih suaahsahna diing a kihen i tup diing uh ahi. Siangthouna chu i deihna jiaha amah leh amah a umsah mai theih ahi sih hi. I lungtang zousiah toh kuhkaltaha haamteina leh anngawlna tungtawn a thudih a thumanna i bawl diing uh ahi. Hun khat a ina lungsiat mahmah i tawpsan va, huleh hagaulam a diinga phattuamna nei lou sil khat ahihleh i paihmang uh a ngai hi. A lailung khawlsan ahihlouhleh bangzahvei ahakhat i sawm nunga i siltup chu khawlsan diing hilou ahi. Kisuhsiangthouna gah a bukim a i aat a huleh i siltup i ngah masangsiah, mahni-kisuumtheihna leh Pathian Thu jui a i theihtawp i suah diing uhi.

I ginna tawpna tunna diing chu vaan lalgam ahi, huleh a diaahin, tenna mun kilawmpen, Jerusalem Thah ahi. I zotna mun i tun masangsiah kuhkaltah leh thuaahzoutaha i paitouhjel diing uh ahi.

Hizongleh khatveivei, mite a lungtang uh a suhsiangthouna va Khristian hinkhua a kuhkaltaha a hin nung va ngiamkiaahna tuaahkha i mu jel uhi.

'Tahsa nasepte' kintahin a paihmang uhi ajiahchu hute chu a polam a muhtheih sualnate ahi. Hizongleh 'tahsalam silte' chu a polam a muhtheih ahihlouh jiahin, a kipaihmangna gandan ahung kiamsuh hi. Amau a thudihlou a muh chiangun, a paihmangna diingin hah thuum in a thuum uhi, hizongleh ni tampi nung in a manghilh mai uhi. Haampa na paihdoh veh nuam a ahihleh, a nah na loukhe sih a, hizohngleh a zungtoh na botdoh hi. Hitobang daan mah chu sualna toh a kibang hi. A tawp tandong, sual bulpi zung na bohdoh masangsiah na haamtei a huleh na lungtang na heng diing ahi.

Gingtu thah ka hih lain, sualna khenkhat paihmangna diingin ka haamtei hi, ajiahchu Bible ka simna ah Pathian in sual umziate huatna, lungtomna, huleh kiuahsahna chihte a haw mahmah chih ka hesiam mahmah hi. Ka muhdan sil khat chauh ka tu tentun chiangin, ka lungtang apat in huatna leh lungsim gilou ka paihmang thei sih hi. Hizongleh haamteina ah Pathian in midangte amau muhna apat a heetsiamna diingin khotuahna ahung piaah hi. Amaute ka muhdahna zousiah ka julmang a huleh ka huatna a chiahmang hi.

Lungthahna ka paihmang toh kituaah in thuaahzohdan ka zildoh hi. Dihloutaha ngoha ka umna mun ah, ka lungsim in, 'khat, nih, thum, li...' chiin ka sim a huleh ka soidoh utte ka kideeh hi. A masa in, ka thangpaihna kideeh hahsa ka sa a, hizongleh ka tuptouhjel chiangin, ka lungthahna leh thangtomna awlawl in a paimang hi. A tawpna ah, lungsouna diing dinmun ah zong, ka lungsim apat a hung umdoh bangmah ka nei nawn sih hi.

Kiuahsahna paihmangna diingin kum thum a la hiin ka gingta hi. Ginna a kisintuung ka hih lain kiuahsahna bang ahiai chih zong ka he sih a, hizongleh paihmang ahihna diingin ka haamtei mai hi. Ka haamtei lain kei leh kei ka enkhe jel hi. A tawpna ah, lam tamtaha kei sanga ngiamzaw a kilangte nasan zong ka zahbawl in ka zahtaat thei hi. Huh nungin, ka tohpih pastor dangte chu a lamkai dinmun a um hiin namdet thah hitaleh bawldan kibangin ka bawl hi. Kum thum sung thuaahzoutaha ka haamtei nung in, keimah ah kiuahsahna lungsim mawngmawng nei lou ka hihdan ka hedoh a, huleh huh hun apat in kiuahsahna toh kisai ka haamtei nawn sih hi.

Sualna bulpi zung na bohdoh louha ahihleh, dinmun khawhtah ah huh sual hihna pentah ahung kilangdoh diing hi. Lungtang thutahlou umzia na paihmangsa a na ngaihtuah khu na nei nalai chih na heetdoh chiangin na lungnuammoh hi. 'Paihmang theihna diingin pan nasatahin ka la a, hizongleh hikhu keimah ah a um nalai' chia ngaihtuahin na lungkia hi.

Sualna bulpi jung na bohdoh masangsiah nangmah ah thudihlou a kilang sil um nalai in na mu maithei hi, hizongleh hichu hagaulam ah khantouhna na nei sih chihna ahi sih hi. Louthul na kheh chiangin, a thuah a banban a ana um na mu hi. Hizongleh tawplou a na kheh leh, louthul chu ahung bei diing hi. Hikhu chu sualna bulpi toh a kibang hi. Tuan a paihmang veh theih louhleh zong na lungke diing ahi sih hi. A tawp tandong na thuaahzoh a huleh nang leh nang na kihen diing chih masuan zing kawm ah na hahpan sem diing ahi.

Mi khenkhatte chu Pathian Thu dungjuia a gamtat zoh chiang va tahsalam gualzawlna a tanpah louh va ahihleh a lungkia uhi. Hoihna a, a gamtat chiang va manna chihlouh bangmah muh nei lou in a kingaihtuah uhi. Mi khenkhatte'n kuhkaltahin biaahinn a kai va hizongleh gualzawlna a mu sih uh chiin a phunna a nei uhi. Adihtahin, phunna diing bangmah a um sih hi. Hichu amaute thudilouh a bawl nalai jiah uleh Pathian in paihmang diinga ahung chihte a paihmang louh jiah va Pathian gualzawlna mu lou maimai ahi uhi.

A phunchiaahna un a ginna uh chu mun dihlou a koih in a um

chihna a sulang hi. Ginna toh hoihna leh thudih a na gamtat leh na tawl ngei sih diing hi. Hoihna a na gamtat zoh sem leh, kipaah in na um sem a, huchiin hoihna silte na hung ngai semsem hi. Hitobang a ginna tungtawn a na hung kisuhsiangthou chiangin, na hagau ahung khanglian diinga, sil zousiah ahung hoih diinga, huleh na hung chidam diing hi.

Thuaahtheihna nihna chu mihingte laha khu ahi.
Mizia leh siamna tuamtuam mite toh na kihou chiangun, bangbang ahakhat ahung piangdoh hi. A diaahin, kouhtuam chu mihing kipatna tuamtuam apat a hung paikhawmte kikhopna ahi. Hujiahin, sil neucha a kipan in sil lian leh sil poimohtah tan ah, ngaihdan tuamtuam na nei maithei a, huleh kilemna chu ahung chimse diing hi.

Huchiangleh, mite'n hichiin a chi maithei uhi, "Amah ngaihdan chu kei a toh a kibang het sih hi. Ka mihihna uh a kibatlouh jiahin amah toh natohkhawm a hahsa mahmah hi." Hizongleh zi leh pasal kikal nasan ah zong, nupa bangzahin mihihna kibang chet a nei viai? A hinkhua va a silchiin uleh a duh uh a kibang sih a, hizongleh khat leh khat kipanpihtuahna diingin a kituhluut tuaah uh a ngai hi.

Siangthouna lunggulhte chu mi bangtobang toh hizongleh uh bangtobang dinmun ah zong a thuaahzou va huleh kilemna a bawl uhi. Dinmun hahsa leh nuamlou ah zong, midangte toh kituaah a sawm uhi. Lungtang hoih toh midangte heetsiam a sawm zing va huleh midangte phattuamna diing ngaihtuah in a thuaahzou uhi. Midangte gilou bawl a, a um laiun zong, amaute a thuaah hamham uhi. Hih giitlouhna chu, gilou a thuh lou in hoihna in a thuhzaw uhi.

Hagaute chialpi ahihlouhleh thuhilh chiangin, ahihlouhleh kouhtuam natongtute Pathian lalgam tongdoh diinga i thuhilh chiangin i thuaahzoh diing uh ahi. Pastor na ka toh lailaiin, mi khenkhat awl a hung kiheng ka mu hi. Khovel toh kilawmta leh Pathian sumualphou a, a um chiangun, dahna mittui toh ka um a, hizongleh keima'n amaute ka tawpsan ngei sih hi. Nikhat ni chiangin hung kiheng na unteh chih kinem in amaute ka dohzou gige hi.

Kouhtuam natongtu diing ka siam chiangin, hun sawttah ka thuaahzoh a ngai hi. Ka nuai ate thu ka piaah in ahihlouhleh thagum in ka deihte bawl diingin ka sawl thei sih hi. Sil chu ze-awl zaw a tohdoh in a um diing chi ka heet vangin, kouhtuam natongtu mohpuaahna ke'n ka la a, "Na chin sih. Tawp in," ka chi thei sih hi. Ka thuaah hamham a huleh ahung hih thcih masang uh ka makaih jel hi. Kum nga, sawm, ahihlouhleh sawmlehnga tan gei ka ngaah a huchiin hagaulam kisingsahna tungtawn in a mohpuaahna uh suhbuchinna theihna diing hihtheihna ahung nei uhi.

Gah ahung suang louh hun chauh hilou in, hizongleh sil a bawl khelh chiangun zong, amaute ka thuaahzou hi huchia a puuh louhna diingun. Midang khat hihtheihna nei khat in a bawlsah chu a baihlamzaw ahihlouhleh a bawltheizawl khat in a mun a luah chu a baihlamzaw maithei hi. Hizongleh a tawp tandong ka ngaahna hagau chih a diing ahi. Hikhu chu Pathian lalgam a buchingzaw a kitohdoh semna diing zong ahi.

Hitobang a thuaahtheihnachi na tuh in chu, Pathian dihtatna dungjuiin a gah na mu ngei diing hi. Etsahna diingin, hagau khenkhat a kihen mateng na thuaahzoh a, mittui toh na haamtei a ahihleh, amaute zousiah laahluutna diing lungtang liantah na nei diing hi. Hujiahin, hagau tampi suhhalh kiitna diing thuneihna leh silbawltheihna na nei diing hi. Midihtat haamteina tungtawn in na lungtang a hagau na laahlutte kihenna diing silbawltheihna na tang diing hi. Huleh, na lungtang na thunun a huleh dihloutaha ngohna na tuaahna nasan a thuaahzohna chi na tuh leh, Pathian in gualzawlna gah at diingin ahung siam diing hi.

Thumna chu Pathian toh i kizopna a thuaahtheihna ahi.

Hikhu chu na haamteina dawnna na muh tandong thuaahtheihna na neih diing khu ahi. Mark 11:24 in hichiin a chi hi, "Hujiahin ka hung hilh ahi, Sil bangkim na deih phot uh, na nget chiangun, musain kingaai un, huchiin na mu diing uhi." Ginna i neih va ahihleh Bible bu sawmguup leh guup a thu umte a bawn in i gingta thei uhi. Pathian thuchiam i nget photmah i mu diing chi a um hi, huleh haamteina sil khat pouhpouh i tongdoh diing uhi.

Hizongleh, hikhu chu haamteina a bangmah bawl lou a um chihna ahi sih hi. Dawnna mu thei diinga Pathian Thu i juih diing ahi. Etsahna diingin, skulnaupang khat a laivel a um in khatna hihna diingin a ngen hi. Hizongleh class sunga lusu in a um a huleh lehkha a sim sih hi. Class ah khatna in a pang diai? Hah thuum a, a thuum laiin lehkha a hahsim diinga huleh huchiin Pathian in class a khatna hi diingin A panpih thei hi.

Sumkawlveite zong huchibang mah ahi. Na sumdawnna

80

khangtou diingin kuhkaltahin na haamtei hi, hizongleh na tup chu inn dang khat neih, inn a meet a zuaah, huleh car hoihtah khat neih ahi. Na haamteina dawnna na mu diai? A dihtahin, Pathian in A tate kiningching a hin A deih hi, hizongleh Pathian chu mikhat duhamna suhbuchinna diinga sil kingen haamteina ah A kipaah sih hi. Hizongleh panpih ngaite panpihna diing leh missionari natohna diinga gualzawlna na tan ut a, huleh daan kalh a bangmah bawl lou a lampi dih na juih leh, Pathian in gualzawlna lampi ah ahung pui diing hi.

Pathian in A tate haamteina ahung dawng diing chih thuchiam Bible ah tampi a um hi. Hizongleh mun tampi ah mite'n a dawnna uh a mu sih uh ajiahchu a thuaahzohlouh jiah uh ahi. Mite'n dawnna kintah a ngen va, hizongleh Pathian in kintahin A dawng sih diing hi.

Pathian in hung kituaah leh lemchangpen ah dawnna a piaah hi ajiahchu Ama'n bangkim a he hi. A silnget uh sil lian leh poimoh ahihleh, Pathian in haamteina phazah diing a chin chiangin A dawng thei chauh hi. Daniel in hagaulam silte kilaahna tanna diinga a haamtei laiin, Pathian in A angel chu Daniel in a haamtei toh kiton in a haamteina dawnna a mu hi. Hizongleh Daniel in angel a muh tahtahna diingin ni sawmnihlehkhat a la hi. Huh ni sawmnihlehkhat sungteng Daniel chu a haamtei patni tobang ngen in kuhkaltahin a haamtei zing hi. Sil khat piaah a um i hita chih i gintaat tahtah va ahihleh, a muh diing ngaah a hahsa sih hi. Buaina suhvengna diing i muh chianga kipaahna i tan diing chauh i ngaihtuah diing uhi.

Gingtu khenkhat in haamteina a Pathian kawm a, a nget uh

muh kal a ngaah zou sih uhi. Pathian kawma ngetna diingin haamtei in an a ngawl maithei uh, hizongleh a dawnna a huntaha ahung tungpah louhleh, Pathian in hung dawng lou diing hinteh chiin a tawpsan uhi.

I gintaat va huleh i haamtei va ahihleh, i lunglel un ahihlouhleh i tawpsan diing uh ahi sih. Bangchih chiangin a dawnna hung diing chih i he sih; ziingchiang, tuzaan, a baan a haamteina zoh, ahihlouhleh kum khat zoh chiangin maw. Pathian in a dawnna hung piaah hun diing dihtah A he hi.

Jakob 1:6-8 in hichiin a chi hi, "Hizongleh, ginglel hetlou in ginna nei in ngen heh. Ajiahchu ginglel mi chu tuikhanglian kinawh, huih muut leeng lehleh bang ahi. Hujiahin, huchibang min chu Lalpa apat bangmah muh kigingta sih heh. Lungsim bulbaal neilou mi chu a silbawl zousiah ah a kip sih hi."

A poimohpen chu i haamtei chiangun bangchituhin i det viai chih ahi. A dawnna i muta chih i gintaat tahtah va ahihleh, bangtobang dinmun ah zong i kipaah thei un huleh i nuam thei uhi. Dawnna muhna diinga ginna i neih va ahihleh, i khut va a gah piaah a i um masangsiah uh haamtei leh ginna a gamta in i um diing uh ahi. Huban ah, Pathian na i toh lai va lungtang a gimthuaahna leh sawina i tuaah va ahihleh, thuaahzohna tungtawn chauh in hoihna gahte i suang thei uhi.

Ginna a pate thuaahtheihna

Kitaidemna a tai chiangin hun hahsatah i phaah hun a um diing hi. Huleh hutobang hun hahsa zohnung chianga kitaidemna zohna kipaahna chu a nuam mahmah diinga hujiahin a tuaahkhate chauh in a hesiam hi. Pathian tate ginna kitaidemna a taite zong a hun hun in hahsatna a tuaah thei jel uhi, hizongleh Jesu Khrist en in bangteng a palkai thei uhi. Pathian in A khotuahna leh haatna ahung pe diinga, huleh Hagau Siangthou in ahung panpih diing hi.

Hebraite 12:1-2 in hichiin a chi hi, "Huchihjiahin eiuh zong heetpihtu meipi nasatah uum kiimvel a i um uh he in, ahung gihsah photmah leh, sual eimaha belh zing chu i koihkhe diingva, i ma-a kitaaidemna umah kuhkaltahin i taai diing uh, I ginna siamtu leh subukimtu Jesu lam enin; ama'n chu ama-a um kipaahna jiahin zumnate zong poisa lou in, kross a gimna a thuaah a, Pathian laltouphah jiatlam ah a vatouta hi."

Jesu'n hutdamna na A tohzoh tandong in A silsiamte apat in simmohna leh chiamnuihbawlna thupitah A thuaah hi. Hizongleh laltouphah ah Pathian ziatlam ah a tou diinga huleh mihingte kawm ah hutdamna piaah in a um diing chih a heet jiahin, tahsalam zumna ngaihtuah lou in a tawp tandong A thuaah hi. A tawp ah, mihingte sualnate pua in kross ah a si hi, hizongleh hutdamna kot honna diingin ni thumni in A thou kiit hi. Pathian in Jesu chu kumpite Kumpi leh lalte Lal in lungsiatna leh ginna toh sih tanpha a, A thuaah jiahin A tungding hi.

Jakob chu Abraham tupa ahi a huleh Israel nam pa ahung suaah hi. Ama'n lungtang detdoutah a nei hi. A upa Esau heem in a upa hihna a laahsah a, huleh Haran ah a taimang hi. Bethel ah Pathian thuchiam a mu hi.

Siamchiilbu 28:13-15 in hichiin a chi hi, "...Huleh ngaiin,

Lalpa atungah ading a, Kei na pu Abraham Lalpa Pathian leh Isaak Pathian ka hi: na lupna gam chu nang leh na haah kawmah ka hung pe diing hi; Huleh na haahte chu lei a leivui banga tam ahi diinga, tumlamah bang, suahlam ah bang, mallamah bang, huleh simlamah bang na kizalh diinga: nang leh na haah ah leitunga nam zousiah vaangpiahin a um diing uh. Huleh ngaiin, ka hung umpih diinga, na chiahna zousiah ah ka hung veeng diinga, hi gam ah ka hung puikiit diing hi; ajiahchu na kawma ka soi hi ka bawljoh masiah ka hung nuse sih diing hi, a chi a." Jakob in kum sawmnih a gimthuaahna a thuaah a huleh a tawp in Israelte zousiah pa ahung hi hi.

Joseph chu Jakob ta sawmlehkhatna ahi, huleh amah chauh in a sanggamte lah ah a pa lungsiatna zousiah a tang hi. Nikhat a sanggamte khut apat in Aigupta ah sal a zuaah in a um hi. Gam dang ah suaah in ahung pang a, hizongleh a lungke sih hi. A natohna ah hoihpen in a tong a huleh a ginumna jalin a pu heetpha in ahung um hi. A pu innsung zousiah a silteng enkoltu in ahung pang hi, hizongleh dihloutaha ngoh in ahung um a huleh suangkul ah khum in ahung um hi. Hikhu sawina khat zoh ah khat ahung hi hi.

A dihtahin, hih kalbi chu Aigupta gam vaihawmtu hung hihna diinga Pathian khotuahna jala kisahkholsahna ahi. Huchi pum in zong, Joseph chu suangkul sung nasan ah a lungke sih hi, ajiahchu ginna a nei a huleh a neulai A Pathian in a piaah thuchiam a gingta hi. Ama'n a mang a ni leh ha leh vaan a aahsi sawmlehkhatte'n amah a biaah uh khu Pathian in A sutaangtung diing chih a gingta hi. Pathian chu a muang veh hi, huleh sil zousiah a thuaahzou a huleh Pathian Thu dungjuiin lampi a tawn hi. A ginna chu ginna dihtah ahi.

Hutobang dinmun a ding hilechin bang na chi diai? Suaah a zuaah a, a um ni apat kum 13 sung bangchiin a gel diai chih na ngaihtuah thei ei? Huh dinmun apat a pawtdohna diingin Pathian mai ah na hah haamtei mahmah diing hi. Pathian dawnna na muhna diingin na kivelchian in huleh na ngaihtuahpha zousiah silte na kisiih maithei diing hi. Mittui tampi leh thusoi chitahna lianpi toh Pathian khotuahna a na ngen diing hi. Huleh kum khat, nih, huleh sawm tan nasan a dawnna na muh louh a, hizongleh dinmun hahsazosem a na luut leh, bang na ngaihtuah diai?

A hinkhua a, a haatpen hun diing sungteng suangkul a taang a huleh a ginna neih nei lou bang hitaleh nite chu umze bei a pailiam a muh in a dah mahmah diing hi. A pa inn a a hun hoihte ngaihtuah bang hileh, a dah deuhdeuh diing hi. Hizongleh Joseph in amah enzing zing Pathian a muang a, huleh a hun dihtah a, a hoihpen petu Pathian a muang gige hi. Gimthuaahna lungkiathuaitah ah zong kinepna bei in a um ngei sih a, huleh ginumna leh hoihna toh gamta in a mang chu a tahtah hung suaah masangsiah a thuaahzou hi.

David chu Pathian in Pathian lungtang bang pua khat in A he hi. Hizongleh a ban a kumpi hung hi diinga thau nuh ahih nung in zong Kumpi Saul in a delh chihte tel in sawina tampi a paltou hi. Si dehtahna dinmun tampi a tuaahkha hi. Hizongleh hutobang hahsatnate ginna toh thuaah jel in Israel pumpi tung a vaihawm thei kumpi thupitah ahung suaah hi.

Jakob 1:3-4 in hichiin a chi hi, "...Na ginna uh etkhiaahna in kuhkalna a siam chih he in. Hizongleh, bangmah tasam lou a, na pum va na bukim theihna diingun kuhkalna in tong bukim heh." Hih thuaahtheihna chu a buching a chituh diingin ka hung ngen hi. Huh thuaahtheihna na ginna ahung khangsah in, huleh na lungtang chu piching diinga liansah leh thuuhsahin a um diing hi. Pathian gualzawlna leh dawnna hih thuaahzohna na sepdoh veh a ahihleh chia ahung chiam na mu diing hi (Hebraite 10:36).

Vaan lalgam paina diing thuaahtheihna

Vaan lalgam luutna diingin thuaahtheihna i poimoh hi. Khenkhatte'n a khanglai un khovel a nuamchen un huleh ahung upat chiangun biaahinn a kai diing uh a chi uhi. Khenkhat dangte'n Lalpa hung na diing kinepna ah ginna hinkhua kuhkaltahin hinkhua a zang uhi, hizongleh ahung thuaahtheihna uh hung kiam in huleh a lungsimte uh a heng uhi. Lalpa chu kinepna banga ahung pai kiitpah louh chiangin, ginna a kuhkal touh jel diing hahsa a sa uhi. A lungtang uh teeptan in huleh Pathian natoh chu khawltawldam diing va huleh Lalpa hung na diing chiamchihna a pomtaah a muh chiangun, a hahpan thah diing uh a chi uhi.

Hizongleh koimah in Pathian in i hagau ahung kouh hun, ahihlouhleh Lalpa hung kiitna diing hun a he sih hi. Mihingte'n a deih bangun hutdamna tanna diing hagaulam ginna a nei thei sih uhi. Meelmapa dawimangpa leh Setan in hutobang a hutdamna baihlamtaha tang diingin ahung koih maimai sih diing hi. Huban ah, Vaangam a Jerusalem Thah a luutna diinga kinepna na neih leh, silbangkim chu thuaahtheihna a na bawl diing ahi.

Psalm 126:5-6 in hichiin a chi hi, "Mittui ke kawm a tuhte'n nuamtahin a aat diing uhi. Kap kawm a buhchi luultah kuandohpih chu, a buhphalte tawi in nuamtahin ahung paikiit ngeei diing hi." Haichitang i tuh leh i khansahna ah panlaahna, mittui, huleh suunna a um ngei diing ahi. Khatveivei, guahtui poimoh ahung sih maithei a, ahihlouhleh huihpi a nung in ahihlouhleh guahtui tam talua in haichi a suse thei hi. Hizongleh a tawpna ah, dihtatna daan dungjuiin buuhna tampi laahna kipaahna a um ngei diing hi.

Pathian in ta dihtahte neihna diingin kum sangkhat chu ni khat bangin A ngaah a huleh ei a diinga A Tapa tang neihsun piaahna nathuaahna A thuaah hi. Lalpa'n kross gimthuaana A thuaah a, huleh Hagau Siangthou in zong mihing chituhna hun sung in soiguallouh maauna a thuaah hi. Hagaulam thuaahtheihna buching na chituh a, hih Pathian lungsiatna na heet zing a huchia hih leitung leh Vaangam a gualzawlna gahte na neih ka kinem hi.

Luke 6:36

"Na Pa un a hehpihsiam bangin nou zong hehpihsiam un."

Bung 6

Jainemna

Jainemna gah toh midangte hesiam leh ngaihdam
Lalpa ate banga lungtang leh natoh poimoh
Jainemna neihna diinga kideihkhopna paihmang
Hahsatna neite a diinga hehpihna
Midangte chitlouhna kawhdoh pahpah sin
Michih tung ah silphal in
Midangte zahna tangsah in

Jainemna

Khatveivei mite'n mi khenkhat heetsiam ka tup vangin ka hesiam thei ahihlouhleh ngaihdam ut mahleh uh a ngaidam thei sih uh a chi uhi. Hizongleh i lungtang va jainemna gah i neih va ahihleh, koimah i heetsiam louh diing ahihlouhleh i ngaidam theih louh diing a um sih hi. Mi bangtobang hizongleh i hesiam thei un huleh bangtobang mi hizongleh lungsiatna toh i ngaidam thei uhi. Mikhat silkhat jiahin ka deih sih huuleh midang khat chu sil khat jiahin ka ngaina sih i chi thei sih uhi. Meelma neih chih gentaahlouh in midangte toh kilemlou leh lung kinuamtuahlou a i um diing uh ahi sih.

Jainemna gah toh midangte hesiam leh ngaihdam

Jainemna chu hoihna ahihlouhleh hihna ahi. Hizongleh jainemna hagaulam umzia chu hehpihna toh a kinaih sim hi. Huleh hehpihna hagaulam umzia chu, "Mihingte'n a heetsiam theihlouhte nasan zong heetsiam theihna" ahi. Hikhu chu mihingte'n a ngaihdam theihlouhte nasan zong thutah a ngaihdam theihna lungtang ahi. Pathian in mihingte tung ah hehpihna lungtang toh khongaihna A langsah hi.

Psalm 130:3 in hichiin a chi, "Lalpa, nangma'n sualnate na chiamteha ahihleh, kua ahiai ding jou diing?" A kigelh bangin, Pathian in hehpihna ana nei lou in huleh dihtatna dungjuiin hung thutankhum taleh, koimah Pathian mai ah a ding thei sih diing hi. Hizongleh Pathina in dihtatna khauhtaha ana zang hileh ngaihdam leh pom theih het louh diingte nasan A ngaihdam in A pom hi. Huban ah, Pathian hutobang mite chu kumtuang sihna apat a hutdamna diingin A Tapa tang neihsun hinna A piaah hi. Hikhu jiahin, Pathian in Luke 6:36 ah hichiin a chi hi, "Na Pa uh hehpihsiam ahih bangin, hehpih siam un."

Hih hehpihna chu lungsiatna toh a kibang sim a hizongleh lampi tuamtuam ah a chituam hi. Hagaulam lungsiat chu midangte a diinga a thawn a kipumpiaahna ahi a, hehpihna ahihleh chu ngaihdamna leh pomna ahi. Chihchu, hikhu chu mikhat lungsiatna mawngmawng tangtaah hi sih mahleh amah heetsiamlouhna ahihlouhleh huatna um lou a hihna tengteng toh pom leh angkawi theihna ahi. Mikhat a ngaihdan a tuam jiahin na muhdah ahihlouhleh na kiheetmohbawl mai thei diing hi, hizongleh amah suhaattu leh hamuantu na hi thei hi. Midangte pomna diinga lungtang kihongtah na neih leh, a giitlouhnate ahihlouhleh a silbawlsualte uh na pulaahdoh sih diinga husangin hute na khuhmang in na pom diing hi huchia amaute toh kizopna hoihtah na kal van a neihna diingin

 Hih hehpihna lungtang chiangtaha kilatsahna hun a um hi. Nikhat Jesu chu zaankhovaah in Olive Taang ah A haamtei a huleh ziingkal in Biaahinn ah ahung hi. Mi tampi A touna kawm ah ahung kikhawm uhi, huleh Pathian Thu A soi laiin mipi thawm ahung sa hi. Mipite lah ah Jesu mai a numei khat hung pui lehkhagialte leh Pharisaite a um uhi. Amahnu chu laau in a kithing hi.

 Jesu kawm ah numeinu chu angkawm lai a mat ahi chia hilh in, huleh A kawm ah bang A loh diai ajiahchu Daan dungjui a hutobang numei chu suang a sehlup diing ahi chiin. Jesu'n suang a sehlup diing ahi chiin hilh taleh, hikhu chu A thuhilhna, "Na meelmate lungsiat in," chih toh a kikalh diing hi. Hizngleh ngaihdam un chiin hilh taleh, hichu Daan bohsiatna ahi. Jesu chu dinmun hahsataha koih a um hileh a kilawm hi. Jesu'n, bangteng hileh, silkhat tual ah A gelh a huleh Johan 8:7 na kigial, "Koipouh na lah va sualna nei lou in, ama'n amahnu suang in sep masa heh," chih bangin A dawng hi. Mite'n sialehpha heetna a nasahna nei in khatkhat in a chiahmang uhi. A tawp in Jesu leh numeinu chauh a um hi.

Johan 8:11 ah Jesu'n a kawm ah hichiin a chi hi, "Kei zong ka hung mohpaih sih. Chiah in. Tu a kipat sual nawn sin." "Ke'n ka hung mohpaih sih," chih umziah A ngaihdam chihna ahi. Jesu ngaihdam theihlouh numeinu A ngaihdam a huleh a sualnate apat a kiheina diing hun lemchang a piaah hi. Hikhu chu hehpihna lungtang ahi.

Lalpa ate banga lungtang leh natoh poimoh

Hehpihna chu ngaihdamna dihtah leh meelmate tanpha lungsiatna ahi. Nu in a taahngeeh a duat mahmah bangin, eite'n zong michih i pom va huleh i angkawi diing uh ahi. Mite'n dihlouhna liantah a neih uh ahihlouhleh sualnate khawhtah a bawl un zong, amaute tunga thutanna leh mohpaihna neih sanga a masapen a hehpihna diing uh ahi. Sualna khu i huat diing va, hizongleh misual hilou; hu mipa i heetsiam va huleh hinsah i tum diing uhi.

Etsahna in naupang tahsa haatloutah huleh damlou khopset khat a um hi. A nu'n a tapa bangchi a sa diai? Bang diinga hitobang a hung piang a huleh hahsatna tampi hung tut ahiai chiin a ngaihtuah sih diing hi. Hikhu jiahin a tapa a ho sih diing hi. A ta dangte sangin a lungsiatna leh khongaihna a lianzaw diing hi.

Nu khat a tapa lungsim veng lou khat a um hi. Kum sawmnih ahih tandong in a lungsim chu kum nih vel mi tobang ahi nalai hi, huleh a nu'n a veeng zing hi. Ahihvangin, a tapa etkol chu sil hahsa in a koih sih hi. Amah a etkol laiin a tapa chu chu hehpihhuai leh khongaihhuai a sa mahmah mei hi. Hitobang hehpihna bukim ga i suang chiangun, i tate uh tung ah chauh hilou in michih a diingin hehpihna i nei diing uhi.

Jesu'n mipi laha na A sep laiin vaan lalgam tanchinhoih A soi hi. Amah thusoi ngaikhetute mihausa leh thuneite ahi sih va; hizongleh mizawng, phawhphaahlouh, ahihlouhleh mite'n misual a, a koihte uh, siahkhontute ahihlouhleh kizuaahte ahi uhi.

Jesu'n A nungjuite A teeldan zong hichi mah ahi. Mite'n chu Pathian Daan he mahmahte apat nungjuitu diing teeldoh chu sil pilhuai hi diingin a ngaihtuah maithei uhi, ajiahchu amaute Pathian Thu hilh a baihlamzaw diing hi. Hizongleh Jesu'n hutobang mite A teel sih hi. A nungjui diing, Matthai, siahkhontu, A teel hi; huleh Peter, Andru, Jakob, huleh Johan ngamanmite A teel hi.

Jesu'n natna tuamtuam tampi zong A sudam hi. Nikhat, mikhat kum sawmthum leh giat damlouta huleh Bethesda diil a tui hung kihoh diinga nga a um A sudam hi. Amah chu hinna kinepna diing nei lou in natna toh a hing hi, hizongleh amah chu koima'n a ngaihsah sih hi. Hizongleh Jesu ahung pai a huleh "Dam na ut ei?" chiin A dong a, huleh A sudam hi.

Jesu'n kum sawmlehnih sipawt numei zong a sudam hi. Ama'n Barimaeus, mittaw khutdoh, mit A suhvaahsah hi (Matthai 9:20-22; Mark 10:46-52). Nain kichi khopi lam zuan a, A chiah laiin, meithai a tapa si chet khat A mu hi. Amah tunga hehpihna nei in a tapa sisa A kaithou hi (Luke 7:11-15). Hite ban ah, nawinet a umte A enkol hi. Phawhphaahlouh a umte siahkhontute leh misualte lawm ahung suaah hi.

Misualte toh an a neehkhawm jiahin khenkhatte'n "Bang diinga na houtupa un siahkhontute leh misualte toh an nekhawm ahiai?" (Matthai 9:11) chiin a soisia uhi. Hizongleh Jesu'n hikhu A zaah chiangin, hichiin A chi hi, "Hizongleh Jesu'n huchu a zaahtahin a kawm vah, Mi damte'n doctor a mamoh sih uh, damloute chauh in a mamoh uhi. Hizongleh chiah unla,

Kithoihna deihlouin zahngaihna ka deih hi, chih umdaan va jilun; ajiahchu midihtatte kou diinga hung ka hi siha, misualte kisiihsah diinga kou a hung kahizaw hi, achi a" (Matthai 9:12-13). Misualte leh damloute a diingin khongaihna leh hehpihna lungtang neihdan ahilh hi. Hih Jesu lungtang leh natohte i juih chiangun hehpihna gah kintahin i suang thei diing uhi. Tuin, hehpihna gah i suangna diing va bang pentah bawl diing i hiviai chih i ensuh diing uhi.

Jainemna neihna diinga kideihkhopna paihmang

Khovel a mite'n mite chu a polam a kilatdan in a khen uhi. Mite a ngaihdan uh chu mihausa ahihlouhleh minthang a, a muh uleh muhlouhdan uh dungjuiin a kiheng thei hi. Pathian tate'n mi a polam kilatdan a khen ahihlouhleh a polam kilatna jal chauh a khen louh diing ahi. Naupang neuter ahihlouhleh a dinmun ngiamzote nasan zong eimah sanga hoihzaw a i koih va huleh Lalpa lungtang toh amaute na i tohsah diing uh ahi.

Jakob 2:1-4 sung in hichiin a soi hi, "Ka unaute, i Lalpa uh Jesu Khrist, loupina Lalpa gingta kawmin, mi khentuam nei sih un. Ajiahchu na kikhopna vah sana jungbuh but, puan hoihtah silh khat hung luut henla, huleh mizawng khat puansetah silhin hung luutta leh; Huchi'n puan hoih silhpa chu na jahbawl va, akawmah, Nang hi mun hoih ah touin, na chi va; huleh mizawngpa kawmah chu, Nang hutah ah dingin aha, ahihlouleh, Hiah ka keeng ngahna nuaiah touin, na chi uhi; Huchiin na lungsim vah khentuam neia, ngaihtuahna giloua soiseeltute hilou diing na hi viai mah?"

Huleh 1 Peter 1:17 in hichiin a chi hi, "Huleh deihsahtuam neiloua mi chin a natoh diingjuia vaihawmsahtu chu Pa chia kouna hih u'leh, hitaha na vaithaam lai hun uh laudaan siam in zang un."

Hehpihna gah i suang va ahihleh, midangte chu a polam kilatdan apat in i khen un ahihlouhleh i mohpaih sih diing uhi. Hagaulam sil ah kideihkhopna ahihlouhleh deihsahtuam neihna i neih leh neihlouh i kivelchian diing uh ahi. Mi khenkhat hagaulam silte hesiam pahpah lou a um uhi. Khenkhatte'n tahsalam a taahsapna a nei va, huchiin mun khenkhat ah a a dinmun toh kilawm lou in ahung haamdoh va ahihlouhleh sil ahung bawl uhi. Huchauh hilou in khenkhatte chu Lalpa deihdan lou bangtahin ahung ahung gamtakhia uhi.

Hutobang mite i muh va ahihlouhleh amaute toh i kithuah chiangun, nuamlou sahna na nei sih eimah? Amaute na simmoh in ahihlouhleh bangtanahakhat ah na kihepkhiahsan sih eimah? Na awsuah gum ahihlouhleh na umdan kilawmlou toh amaute a diinga nuamsahlouhna na tut sih eimah?

Huleh, vaihawmna dinmun a din chiangun midang sualna bawlkha khat a soisel un huleh a mohpaih uhi. Angkawm lai mat a um numei Jesu kawm a ahung kipui chiangin, mi tampite'n thukhenna leh mohpaihna toh amahnu a kawh uhi. Hizongleh Jesu amahnu A mohpaih sih a hizongleh hutdamna diingin hun lemchang A piaah hi. Hutobang hehpihna lungtang na neih leh, a sualnate jiah va gawtna thuaahte a diingin khongaihna na nei diing a huleh a zohzoh ngei uh na kinem diing hi.

Hahsatna neite a diinga hehpihna

Hehpihsiam i hih va ahihleh, midang hahsatna neite i khongaih un huleh amaute panpihna piaah nuam i sa diing uhi. Amaute i lungtang vah hehpihhuai sahna nei in "Lungke lou in haattahin um in," chiin i muuh chauh utoh i chi sih diing uhi. Amaute bangtobang ahakhat kithuahpihna i pe diing uhi.

1 Johan 3:17-18 in hichiin a chi, "Hizongleh mi koipouh in khovel sil hau henla, a unau tasam in mu in, amah chu lainat hetsih leh, bangchiin Pathian lungsiatna amah ah a um diai? Ka tate haw, thu chauhin i lungsiat sih diinga, kam chauh in zong i lungsiat sih diing uh; hizongleh silbawl leh thutahin hizaw hen." Huleh Jakob 2:15-16 in hichiin a chi hi, "Unaupa aha, unaunu aha khat saguaahin um henla, nichin anneeh tasamta leh, Huleh na lah va khat in, Hamuangtahin um inla, lumtah leh vahtahin um in, chi henla; sapum diinga sil poimoh pe tuan sih leh; bang a phatuam diai?"

'Gilkial a um hehpihhuai na ei, hizongleh bangmah ka bawl thei sih hi ajiahchu kei a diing chauh daih ka nei hi," na chi diing ahi sih hi. Lungtang dihtah toh hehpihhuaisahna na neih leh, na hawm thei a ahihlouhleh na tan diing tanpha zong na pe thei hi. Mikhat in a dinmun in midang panpihna diing phalsah lou a, a ngaihtuah leh, hausa zongleh midang a panpih diing chih chu a kinephuai sih hi.

Hikhu in muhtheih silte a kawh sih hi. Mikhat buaina khat pouhpouh nei na muhleh, hu mi chu bangahakhat a kithuahpihna piaah leh a natna a thuaahpih ut diingdan ahi. Hikhu chu hehpihna ahi. A diaahin, Meidiil a luut diingte na khawhngaih diing ahi ajiahchu amaute'n Lalpa a gingta sih uhi. Amaute hutdamna lampi a na puiluutna diinga na theihtawp na suah diing ahi.

Manmin Central Church ah, a kipat tuung apat in, Pathian silbawltheihna natohna thupitah a um hi. Hizongleh silbawltheihna thupizaw ka ngen nalai a huleh huh silbawltheihna kilatsahna diingin ka hinkhua zousiah ka laankhia hi. Hikhu jiah chu keima'n taahsapna kana thuaah a, huleh natna jiahin kinepna mansahna natna kana naahpi in kana thuaahkha hi. Hih buainate ana thuaah mite ka muh chiangin, keimah thuaah bangin kana thuaahpih hi, huleh ka theihtawp a panpih diing ka ut hi.

A buainate suhvengsah a huleh Meidiil gawtna apat a hutdoh leh Vaangam a puiluut chu ka lunggulh hi. Hizongleh kei chauh in mi tampi bangchiin ka panpih thei diai? Hih diinga dawnna ka muh chu Pathian silbawltheihna ahi. Zawnna, natnate, huleh mi zousiah in sil dang tampi a tuaahte uh a bawl in suhvengsah theih sih mahleh, Pathian toh kimu leh hekha diingin ka panpih thei hi. Hujiahin Pathian silbawltheihna thupizaw suhlat ka tum a, huchi mi tamzote'n Pathian a muh va huleh heetkha theihna diingun.

Himah e, silbawltheihna suhlat chu hutdamna lampi buchinna ahi sih hi. Silbawltheihna mu jiaha ginna ahung neih vangun, ginna a dettaha a dinkip masang uh tahsalam leh hagaulama i etkol uh a ngai hi. Hujiahin ka kouhtuam un sumlam a hahsatna a neih zing laiin zong a tasamte panpihna piaahna diingin ka theihtawp ka suah jel hi. Hikhu chu Vaangam lam zuan a haatna tamzaw toh a pai theihna diingun ahi. Thupilte 19:17 in hichiin a chi hi, "Koipouh migenthei hehpihin Lalpa leiba a guan a; huleh ana piaah khu chu ama'n a dit kiit diing hi." Lalpa lungtang toh hagaute na etkol a ahihleh, Pathian in A gualzawlna toh thung thuhkiit ngei diing hi.

Midangte chitlouhna kawhdoh pahpah sin

Mikhat i lungsiat va ahihleh, khatveivei i thuhilh ahihlouhleh i tai uh a ngai hi. Nulepate'n a tate a lungsiat jiah va tai ngei lou a, a ngaihdam zing va ahihleh, naupante chu a duatkhial diing uhi. Hizongleh hehpihna i neih va ahihleh i mawh gawt, tai, ahihlouhleh a chitlouhnate uh i kawhdoh theih sih uhi.

Thuhilhna i neih chiangin, haamteina lungsim toh huleh hu mipa lungtang a diing ngaihkhawhna toh i diing uh ahi. Thupilte 12:18 in hichiin a chi hi, "Naamsaua sut banga thusoi a um a: hizongleh mipil lei chu damna ahi." Pastorte leh lamkaite'n a biihtahin gingtute hilhtute'n hikhu lungsim a i heet diing uh ahi.

"Nang lungtang thudihlou a um a, huleh hikhu in Pathian a sulungkim sih. Hikhu hih chitlouhna na nei, huleh hite jiaha mite'n nang hung lungsiat lou ahi," chiin thu i soi pahpah maithei hi. Na thusoi dih zongleh, nangmah mahni-kidihtatsahna ahihlouhleh lungputdan apat lungsiatna bei a midang chitlouhnate na soi ahihleh, hikhu hinna a pe sih hi. Thuhilhna jiahin miding a kiheng sih diing a, a dihtahin, a lungtang a na diinga huleh a lungke diing va huleh a tha uh a bei diing hi.

Khatveivei, kouhtuam membar khenkhat in a chitlouhnate kawhdoh diingin ahung ngen va huchia ahung heetdoh va huleh amau leh amau a kihentheihna diing un. A chitlouhnate uh heetdoh a huleh kihen diing a ut uh a chi uhi. Hujiahin, sil khat pilvangtaha ka soipat a ahihleh, amau kisiamtanna soi sawm in ka thusoi ahung bohtansah va, huchiin thuhilhna bangmah ka pe thei sih hi. Bangteng hileh mi thuhilhna piaah chu sil baihlam ahi sih hi. Hu laitahin, kipaahna toh a pom thei va, hizongleh Hagau a dimna a neihlouh chiangun, a lungtang va bang um diing chih koimah in a he sih hi.

Khatveivei, Pathian lalgam sepdohna diingin ahihlouhleh mite a buainate uh suhvengna umsah theihna diingin silte ka kawhdoh a ngai hi. Haamteina lungsim toh a maisuah uh ka en hi, nuammoh a sah louh diing ahihlouhleh a lungkiat louh diing uh kinem kawm.

Himah e, Jesu'n Pharisaite leh lehkhagialtute khauhtaha A tai laiin, A thuhilhna a pom thei sih uhi. Jesu'n a lah va khatbeeh in a ngaihkhiaah a huleh a kisiih theihna diing hunlemchang A piaah hi. Huleh, mite houtu ahihjiahun, Jesu'n mite chu kiheetdohna ahung neih va huleh a lepchiahna va heem ahihlouh uh A deih hi. Hutobang dinmun biihte ban ah, midang in nuammoh a sah diing uh thute na soi louh a ahihlouhleh a giitlouhna uh pholhkhia a huchia amau supuuh thei diing thute soi louh diing ahi. A poimoh tenten jiaha thuhilhna na neih nop leh, midangte ngaihtuahna apat a na ngaihtuah a huleh huh hagau khawhngaihna toh, lungsiatna toh na hilh diing ahi.

Michih tung ah silphal in

Mi tampite'n a lungsiatte uh kawm ah a neihte uh kiphaltahin a pe thei uhi. A chiilpen in zong midangte apat muh kiit diing bangahakhat um ahi chih a heet va ahihleh sil a khelsah ahihlouhleh pe phal uhi. Luke 6:32 in hichiin a chi hi, "Bangjiahin ahiai i chihleh nanguh hung lungsiatte chauh na lungsiat u'leh paahtaat bang naloh di'vai? misualte'n zong amahuh lungsiattute alungsiat uhi." Bangmah ahung kiihkiit diing kilametna um lou a eimah i kipiaahdoh theih chiangin hehpihna gah i suang thei uhi.

Jesu'n a tuung apat in Juda in a heem diing chih A he hi, hizongleh nungjui dangte A bawl bang amah A bawl thou hi. Amah ahung kisiih theihna diingin hun lemchang a pe kiit kiit hi. Amah kilhbeh a, A um laiin zong, Jesu'n Amah kilhbelhtute a diingin A haamteisah hi. Luke 23:34 in hichiin a chi hi, "Pa, amaute ngaihdam in; ajiahchu a silbawl uh a he sih uhi." Hikhu ngaihdam theih keei louh diingte zong i ngaihdam theihna diing uh hehpihna ahi.

Silbawlte bu ah, hih hehpihna gah nei Stephen i mu thei uhi. Amah chu sawltaah ahi sih a, hizongleh amah chu Pathian khotuahna leh silbawltheihna in a dim hi. Chiamchihna leh silmah thupitah amah tungtawn in a tung hi. Hih thudih deihloute'n amah kinialpih a tum va, hizongleh Hagau Siangthou Pathian pilna toh a dawn chiangin, amah a nial thei sih uhi. Mite'n a meel a mu va, huleh hichu angel a bang ahi, a kichi hi (Silbawlte 6:15).

Judate'n Stephen thusoi ngai in a sialehpha heetna lungtang uh chu sut bangin a na a, huleh khopi polam ah a puidoh va huleh suang in a seplum uhi. A sihkuan nasan in, amah suang septute a diingin a haamteisah a, "Lalpa a sualna uh a tung vah phuba la sin!" (Silbawlte 7:60) a chi hi. Hikhu in amaute a ngaihdam zouta chih ahung musah hi. Amaute huatna a nei sih a, hizongleh amaute khongaihna neiin hehpihna gah a nei hi. Stephen in hutobang silbawl loupitah chu hutobang lungtang a neih jiahin a langsah thei hi.

Huchi ahihleh bangchituh hoih in hitobang lungtang na chituh thei diai? Mikhat na deihlouh ahihlouhleh mikhat na kituaahpih louh a um nalai ei? A umdan leh ngaihdan na kituaahpih louh hizongleh amah chu na pom leh na angkawi theih diing ahi. Amahpa ngaihtuahna apat na ngaihtuah masat diing ahi. Huchiangleh, huh mipa na deihlouhna lungsim na heng thei diing hi.

'Bangchidan a hitobang bawl ahiai? Ka hesiam thei keei sih,' chi a na ngaihtuah leh, lungsim noplouhna na nei diinga huleh na muh chiangin nuammoh na sa diing hi. Hizongleh, 'Ah, amah dinmun ah huchi a um thei mah ahi' chi a na ngaihtuah theih leh, deihlouhna lungsim na heng thei hi. Tuin, a panna bei khat tung ah hehpihna na nei diing hi, hizongleh bawl in, huleh amah a diingin na haamteipih diing hi.

Na ngaihtuahna na hung hen a huleh hichia lung na hung gel chianign, huatna leh midang tunga na ngaihtuahna gilou khatkhat in na botdoh thei diing hi. Hutobang lunggel chu na luhlul jiaha na neih zing leh midang na pom thei diing hi. Nangmah a huatna ahihlouhleh ngaihdan dihlou na botdoh thei sih diing hi. Nangmah mahni-kidihtatsahna na paihmang a huleh mi khat pouhpouh na pom a, a na uh na tohsah theihna diingin na ngaihtuahna leh lungsim heng in.

Midangte zahna tangsah in

Hehpihna gah i suang theihna diingun, sil khat hoihtaha bawl ahih chiangin, mite paahtawina i puaah diing uh ahi, huleh sil khat a dihlou chiangin a moh en i puaah diing uh ahi. A semkhawm hizongleh uchin midang in paahtawina leh kipaahpihna a tanzawh chiangin, nang kipaahna bangbang in amah toh kipaahkhawm thei diing uhi. Na tam ka semzaw a huleh amah chu chitlouhna tampi nei ahihvangin kipaahpih in a um chi a ngaihtuahna toh nuammoh na sah diing ahi sih hi. Midangte phat ahih chiangleh ama'n kimuan semna hung nei in huleh na ahung hahsep sem diing chi a ngaihtuah in na kipaah diing ahi.

A nu'n a tat oh sil khat a bawl va, huleh a ta in lawmman a san leh, a nu'n bangchiin a gel diai? Nu koimah a ta in a na hoihtaha a bawlna diingin a kithuahpih a hizongleh bangmah lawmman ama'n tangkha lou chi a phunchiaah diing koimah a um sih hi. Huleh, nu khat in a meel hoih chih midang apat a za chu nuam a sa hi, hizongleh a tanu chu meelhoih ahi chih zaleh a kipaahzaw diing hi.

Hehpihna gah i neih va ahihleh, midang khat pouhpouh chu i ma ah i koih un huleh amah chu paahtaatna i pe diing uhi. Eimah hung kipaahtaah bangin amah toh i kipaahkhawm diing uhi. Hehpihna chu Pa Pathian khongaihna leh lungsiatna a dim mizia ahi. Hehpihna chauh hilou in, hizongleh Hagau Siangthou gahte chu a bukim Pathian lungtang ahi. Lungsiatna, kipaahna, hamuanna, thuaahtheihna, huleh a gah dangte zousiah chu Pathian lungtang ze tuamtuam ahi.

Hujiahin, Hagau Siangthou gah suanna diing chih umzia chu eimah a Pathian lungtang neih i tup va huleh Pathian a bukim banga bukim diing chihna ahi. Nang a hagaulam gahte ahung min semsem leh, na hung deihhuai semsem diinga, huleh Pathianin nang ahung lungsiatna diing A tuunmang thei sih diing hi. Amah bang a tapate leh tanute chi in na tung ah A kipaah diing hi. Amah lungkimsah Pathian tate na hung hih uleh, haamteina a na nget photmah na mu diinga, huleh na lungtang a na koihkhawm silte nasan zong, Pathian in he in huleh ahung dawng diing hi. Na bawn va Hagau Siangthou gahte na hung suang va huleh sil zousiah a Pathian na suhlungkim va, huchia gualzawlnate toh na hung luanglet va huleh Pathian dungsuun dihtah tate hi a vaan lalgam a zahbawlna thupitah na hung tan uh chu ka kinepna ahi.

Philippite 2:5

"Khrist Jesu a zong um hi lungsim chu nangu'ah um heh."

Bung 7

Hoihna

Hoihna gah
Hagau Siangthou deihna dungjuia hoihna hawl
Samari mihoih bangin sil zousiah ah hoihna teel in
Bangtobang dinmun ah zong kihau ahihlouhleh kichapousah sih un
Sialluang gawpsa hiahtan sin ahihlouhleh pat khu sumit sin
Thudih a hoihna juihna diing silbawltheihna

Hoihna

Zaan khat, khanglai khat puansilh siangthou lou khat silh in teehse nupa khat kawm ah inn luah diing a va hawl hi. Nupate'n ana hehpih in inn ana luahsah uhi. Hizongleh khanglaipa chu natong diingin a kuan ngei sih a, hizongleh zudawnna in a hunte a zang bei hi. Hitobnag dinmun ah mi tamzote'n chu a inn luahman pe zou sinteh chih ngaihtuah in a nohdoh diing uhi. Hizongleh hih teehse nupate'n a vangkim in a an neeh diing a piaah va huleh tanchinhoih soi in a hasot uhi. A lungsiatna natoh un amah a khoih a, ajiahchu amau tapa bangin a bawl uhi. A tawp in Jesu Khrist ahung pom a huleh siamthah ahung hi hi.

Hoihna gah

Donlouh a umte ahihlouhleh khotaang in bangmah a, a sim louhte a tawp tandong a lungsiat chu hoihna ahi. Hoihna gah chu lungtang sung a um chauh ahi sih a, hizongleh teehse nupate banga gamtat a hung kilangdoh ahi.

Hoihna gah i suang va ahihleh, munteng ah Khrist gimnamtui i jamdohsah diing uhi. I kiim a mite chu i natoh hoih un a lungsim khoih in huleh Pathian a paahtawi diing uhi.

"Hoihna" chu jainemna, thukhual, lungnemna, huleh hoihzohna ahi. Hagaulam ah, bangteng hileh, Hagau Siangthou a hoihna hawl zing lungtang, thudih a hoih khu ahi. Hoihna ga a bukim a i suang va ahihleh, Lalpa lungtang a siangthou leh niin baanglou i nei diing uhi.

Khatveivei, gingloute Hagau Siangthou tang nailoute'n zong a hinkhua vah bangtanahakhat in hoih a jui uhi. Khovel mite a sialehpha heetna uh zang in a hoih ahihlouhleh a sia a khen uhi. Hizongleh mimal sialehpha heetna chu mikhat leh mikhat a, a kibang sih hi. Hoihna Hagau gah ahi chih heetsiamna diingin, mite sialehpha heetna i heetsiam masat uh a ngai hi.

Hagau Siangthou deihna dungjuia hoihna hawl

Gingthah khenkhatte'n a heetna uleh a sialehpha heetna uh dungjuiin mi thusoi ana teh maithei va hichiin a chi uhi, "Hutah a thu kisoi chu khovel siamna toh a kituaah sih." Hizongleh ginna a ahung khan va huleh Pathian Thu ahung heet chiangun, a tehna un a dih sih chih ahung hedoh uhi.

Sialehpha heetna chu a hoih leh gilou kikal khenna diing a tehna, mihing khat hihna bulpi a kinga ahi. Mikhat hihna chu mikhat in a pianpih hinna-thahatna huleh a khanletna mun a kinga ahi. Huh tobang naupang hinkhua-thahatna hoih tangte'n a taangpi in nungchang hoih a nei uhi. Huleh, dinmun hoih a khangliante'n, sil hoih tampi mu leh za in, sialehpha heetna hoih ahung nei ut deuh uhi. A lehlam ah, mikhat a nulehpate apat gilou tampi toh a piankhawm a huleh sil gilou tampi ahung kisuhkha a ahihleh, hihna leh sialehpha heetna ahung neih a baihlam mahmah hi.

Etsahna diingin, naupang dihtat diinga kihilhte chu zuau a soi chiangun a sialehpha heetna vah lauhthawngna a nei uhi. Hizongleh zuau toh khangliankhawmte'n chu zuau soi zong ahi diing mawng bangin a ngai uhi. Zuau soi ahi uh chih zong a ngaihtuah pha sih uhi. Ngaihtuahna ah zuau soi a poi sih chi in, a sialehpha heetna uh chu gilou in a dim a huchiin a sialehpha heetna vah bangmah in a vei sih uhi.

Huleh, naupang a nulepa kibang in dinmun kibang ah

khangliansah mahleh uh, lam tuamtuam in silte a laluut uhi. Naupang khenkhat in a nulepate uh thu a mang mai va khenkhatte'n ahihleh lungtang khauh nei hin thu a mang ut sih uhi. Huchiangleh, unau chiatchiat nulepa kibang in a khangletsah uh himahleh, a sialehpha heetna uh chu a tuamtuam in ahung kisiam diing hi.

Sialehpha heetna chu a khanletna uh khotaang leh neehlehtaah hawlnalam toh kisai sil ngaihsangzawngte a kinga in a chituam chiat diing hi. Kho chih in amau ngaihsangzawng a nei chiat va, huleh kum 100 paita a tehna, kum 50 paita a tehna, huleh tuni a tehnate chu a chituam veh hi. Etsahna diingin, suaah ana neih laiun, suaah chu jep leh thagum na tohsah chu a dih lou a koih sih uhi. Huleh, kum 30 paita ah, numeite'n mipi laha kihahdoh silte ah a tahsa uh a dawhsah uh chu khotaang pomtheih sil ana hi sih hi. A kisoi bangin, sialehpha heetnate chu mimal, a mun, huleh a hun a kinga in ahung chituamta hi. A sialehpha heetna uh jui a kingaihtuahte'n a diha a ngaihtuahte uh a jui uhi. Ahihvangin, amaute chu hoihna bukim a gamta ahi uh a chih theih sih hi.

Hizongleh Pathian a gingtu eite'n a hoih leh gilou kikal khenna diing tehna kibang i nei uhi. Hih tehna chu zaanni, tuni, leh kumtuang in a kibang hi. Hagaulam hoihna chu hih thudih i sialehpha heetna banga neih a huleh juih ahi. Hichu Hagau Siangthou deihna juih utna leh hoihna hawl ahi. Hizongleh hoihna juih utna neih ngot in, hoihna gah i pai i chi thei sih uhi. Huh hoihna juih utna i neih uh natoh a i latsah va huleh sepdoh chiangun gah i suang i kichi thei pan uhi.

Matthai 12:35 in hichiin a chi hi, "Mi hoihin lungtang

goubawm hoih apatin sil hoihte ahung ladoha; huleh migilouin a goubawm hoihlou apatin sil hoihlou ahung ladoh jel hi." Thupilte 22:11 in zong hichiin a soi hi, "Koipouh lungtang sianthouna ngaina chu, a kamsuaah kilawmna jiahin kumpipa lawm ahi diing hi." A tunga changte bangin, a dihtaha hoihna hawlte'n a polam a kimu thei gamtat hoih ahung nei mai diing uhi. A chiahna phot vah huleh a muh phot kawm ah, kamsuah leh natoh hoih toh kiphalna leh lungsiatna a langsah uhi. Gimnamtui kawpdoh a silgimtui zamdohsah bangin, hoihna neite'n Khrist silgimtui a pedoh diing uhi.

Mi khenkhatte'n lungtang hoih neih a lunggulh va, huchiin haga umite a jui va huleh amaute toh kilawmta diing a ut uhi. Thudih ngaihkhia leh jil a ut uhi. Amaute chu baihlamtaha khoihkha leh mittui tampi seng in a um uhi. Hizongleh a lunggulhna jiah ngot un lungtang hoih a nei thei sih uhi. Etsahna diingin, mihoihte kiim a um na ut a huleh gilouh kihepmangsan na utleh, hoihna lunggulh tahtahna ahi diai?

A hoihloute apat in sil jil diing a um hi. Amaute apat in bangmah jildoh thei sih zonglehchin, a hinkhua vapat in kihilhna na mu thei hi. Mikhat a lungtom mahmah a um leh, lungtomna jiahin midangtoh kihauna leh kinialna a um veu chih jilkhe thei hi. Mihoihte chauh toh na kithuah a ahihleh, sil chituam deuh na muh ahihlouhleh na zate apat na jildoh thei sih diing hi. Mi zousiah apat a jil diing sil a um gige hi. Hoihna lunggulh mahmah, huleh sil tampi jil leh hedoh in na kingaihtuah maithei hi, hiozngleh hoihna khawlkhawmna natoh tahtahpen na tasam ei chih na kivelchian diing ahi.

Samari mihoih bangin sil zousiah ah hoihna teel in

Hikhu apat in, hagaulam hoihna bang ahiai chih a bukimzaw in en diing va, huchu thudih leh Hagau Siangthou a hoihna delh jel ahi. A dihtahin, hagaulam hoihna chu ngaihdan lianpi ahi. Pathian hihna chu hoihna ahi, huleh huh hoihna chu Bible mun zousiah ah a kiphum hi. Hizongleh hoihna silgimtui hoihtaha i heet theihna chang uh chu Philippite 2:1-4 apat ahi:

> Hujiahin Khrist-a khnepna bang, kilungsiatna hamuanna bang, Hagau a kipawlkhawmna bang, huleh kilainatna leh kikhotuahna bang a um leh, Lungsim kibanga umin, lungsiatna kibang nei in, tup kibang leh lungsim khat nei a um in ka kipaahna subukim un. Kinialna aha, ahihlouhleh kiloupisahna jiah ahain bangmah bawl hi sih heh; hizongleh lungsim ngiamtahin mi chin in amah sangin mi dang hoihzaw in ngai chiat hch. Na lah va mi koipouh in amah a chauh en sih henla, midang a zong en u'heh.

Hagaulam hoihna pai mikhat in Lalpa ah hoihna a hawl a, huchiin a lemsahpih louh nate nasan zong a kithuahpihna a piaah hi. Hutobang mi chu a kingaingiam a huleh bangmahlou kingaihna heetdoh diing ahihlouhleh suhlat diing a nei sih hi. Midangte chu amah banga hausa ahihlouhleh pil sih mahleh, lungtang apat in a zahbawl thei a huleh a lawm dihtah un ahung pang thei uhi.

Midangte'n a jiah bei in amah tung ah hahsatna tut mahleh uh, lungsiatna toh a pom mai hi. A na uh tohsah in huleh a kingaingiam hi, huchiin michih toh kituaahna a nei thei hi. A mohpuaahna chu ginumtaha a sepkhiaah chauh hilou in hizongleh midangte natohte a khawhngaihpih hi. Luke bung 10 ah, Samari Mihoih tehkhinthu i mu hi.

Mikhat Jerusalem apat Jericho juan a, a pai laiin suam in a um hi. Suamhatte'n a puansilh teng hawhdohsah in huleh si diingin a nusia uhi. Siampu khat ahung pai a huleh amah chu si diing ahi chih a mu a, hizongleh huh siampu in a pel hi. Levimi khat khat in a mu a, hizongleh ama'n zong a pel hi. Siampute leh Levimite chu Pathian Thu he leh Pathian natong ahi uhi. Daan chu mi koitobang teng sangin a he hoihzaw uhi.

Pathian deihzawng a juih uh a ngaih chiangin natoh a latsah diing bangun a langsah sih uhi. Himah e, amah a panpih theih louhna uh a jiah soi diing a nei uhi. Hizongleh hoihna a neih va ahihleh, amah uh panpihna poimoh tenten mikhat a kiheetmohbawl thei sih diing uhi.

Huh nungin, Samari mikhat ahung pai a huleh suam a um mipa ahung mu hi. Samari mipa'n a hehpih a huleh a liamna a tuam hi. A gan in a puaah a huleh inn khat ah a pui a, huleh inn neitupa kawm ah ana enkol diingin a ngen hi. A ziingni in, innneitupa kawm ah denarii nih a piaah a huleh ahung kilehlam chiang a ban ana seen teng pe kiit diingin a chiam hi.

Hizongleh hoihna a neih jiahin, mikhat sihsual a um a kiheetmohbawl mai sih hi. A hun leh sum suhbei mahleh, huleh amah chu buai mahmah zongleh mikhat amah panpihna poimoh mahmah a kiheetmohbawl sih hi. Hih mipa amah leh amah a kipanpih theih louh laiin, ama'n midang khat amahpa panpih diingin a ngen hi. Ama'n zong mimal buaina jiahin ana pelhsan hitaleh maban ah Samatimi in a lungtang ah puaahgih a nei zing diing hi.

Amah leh amah chu kidong leh kimohsa in, 'A liampa tung ah bang thu ahiai leh. Ka manna diing hizongleh kana hutdam in ka umsah diing hi. Pathian in kei ahung en a huleh bang diinga hukhu bawl ka hiai?' chih ngaihtuah keimah mohna ka kipe diing hi. Hagaulam hoihna chu hoihna lam i teel louh a ahihleh gahsuahsah theih ahi sih hi. Midang khat in ahung heem sawm chih lunggel toh, sil jouiah ah hoihna i teel uhi.

Bangtobang dinmun ah zong kihau ahihlouhleh kichapousah sih un

Hagaulam hoihna hung phawhsah chang dang khat ahihleh Matthai 12:19-20 ahi. Chang 19 in hichiin a chi hi, "Ama'n chu a nial sih diinga, a kikou sih diing; mi koimahin kholai dungah a aw a za sih diing uh. A ban ah, chang 20 na in hichiin a chi, "Gualzou diinga vaihawmna dih ahung tut masiah gawpsa a sutan sih diinga, pat khu zong a sumit sih diing."

Hichu Jesu hagaulam hoihna toh kisai ahi. A natoh hun laiin, Jesu'n buaina bangmah A nei sih a ahihlouhleh koimah toh a kinial sih hi. A naupanlai apat in Pathian Thu A mang a, huleh mipi lah na A toh laiin, sil hoihte chauh A bawl a, vaan lalgam tanchin A soi a huleh damlou a sudam hi. Huleh huchi in zong, giloupa in Amah thah tum in thu tampi in a zeet hi.

A hunteng, Jesu'n a ngaihtuahna gilou uh A he a hizongleh a ho sih hi. Pathian deihzawng dihtah a he hi. Amaute a heetdoh hetlouh chiangun zong, amaute a nial sih a himahleh a kihepmangsan hi. Kilhbeh ahih ma a thudot a, A um lai nasan in, a kihaupih in A nial sih hi.

Khristian ginna a, a kipan tuung dinmun i hung khen chiangin, Pathian Thu bangtan chiang ahakhat i hung he hi. Midangte toh kituaahlouhna neukhat jiahin i aw i sangsah sih va ahihlouhleh i lungthahna i langsah sih uhi. Hizongleh kihauna i chihpen i aw sangsah louh chauh ahi sih hi. Kituaahlouhna neukhat jiaha nuamsahlouhna i neih va ahihleh hichu kihauna neihna ahi. Hikhu chu kihauna ahi i chi hi ajiahchu lungtang a hamuanna a keeh hi.

Lungtang a kihauna a umleh, a jiah eimah sung ah a um hi. Midang in hahsatna ahung tut jiah ahi sih hi. Hikhu chu dih a, a ngaihtuah bang va a gamtat louh jiah uh ahi sih hi. A jiah ahihleh i lungtang uh amaute pom diinga a neu beehseeh jiah ahi, huleh hikhu jiah chu lungputdan sil tampi toh hung kiphutuahsah i neih jiah uh ahi.

Pat them sil khat toh a kisuhkha chiangin thawm bangmah a nei sih hi. Nou sung tui siangthou leh chiim um chu loh zonglei, a tui chu a siangthou in a chiim thou diing hi. Hikhu chu mihing lungtang toh kibang ahi. Bang dinmun ahakhat ahung dawhdoh chianga lungsim a hamuanna a keeh a huleh nuammohsahna ahung umleh, i lungtang a gilou a um nalai jiah ahi.

Jesu A kapdoh sih a kichi hi, huchi ahihleh, bang jiah ahiai midangte a kahdoh uh? Hikhu jiah chu amaute a kiphuan ut jiah uleh a leikou jiah uh ahi. Midangte'n a heet diing uleh midangte'n a na uh a tohsah diing a ut jiah uh ahi.

Jesu'n hutobang natoh thupitah misisa kaihthoh leh mittawte mit vaahsah chihte a langsah hi. Hizongleh, A kingaingiam zing hi. Huban ah, kross a, A kikhai laia mite'n Amah a simmohbawl lai nasan un zong, sih tandong in Pathian deihzawng A bawl hi, ajiahchu Amah leh Amah kiphuangdoh A ut sih hi (Philippite 2:5-8). Koima'n lampi ah A aw a za thei uh zong a kichi hi. A umdan zousiah a bukim hi chiin ahung hilh hi. Amah chu thuaahzohna, lunggel, leh haamdan ah A bukim hi. A hoihna, kingaihngiamna, huleh hagaulam lungsiatna tawpkhawh A lungtang sung thuuhtaha um chu a polam ah a kilang hi.

Hagaulam hoihna gah i suang va ahihleh i Lalpa un kingeihlouhna a neih louh bangin, koimah toh kingeihlouhna ahihlouhleh buaina i nei sih diing uhi. Midangte dihlouhna ahihlouhleh chitlouhnate i soi sih diing uhi. I leikou sih diing va ahihlouhleh midangte tung ah i kivawh sih diing uhi. Dihloutahin thuaah zonglei, i soisel sih diing uhi.

Sialluang gawpsa hiahtan sin ahihlouhleh pat khu sumit sin

Singkung ahihlouhleh singnou i suan chiangin, a nah ahihlouhleh a ba vuai a um leh, i sattan diing uhi. Huleh, pat a khut chiangin, a vaah chu a taang sih hi, huleh meikhu ahung jamdoh hi. Hujiahin, mite'n ahih mit uhi. Hizongleh hagaulam hoihna neite'n 'sialluang gawpsa a sutan sih va ahilouhleh pat khu a sumit sih' uhi. Ahung kitohhingna diinga lemchang neukhat a um zongleh, huh hinna chu a subei sih va, huleh midangte a diingin hinna lampi a hon sawm uhi.

Hitah ah, 'Sialluang gawpsa' kichi in hih khovel sualna leh giitlouhna a dim a kawh hi. Pat khu in a lungtang uh gilou a kisubuaah a hinna uh vaah si diing kuan a ensah hi. Hih mite sialluang gawpsa leh pat khu bangte'n Lalpa ahung pom diing uh a gingtaathuai sih hi. Pathian gingta mahleh uh, a natohte uh chu khovel mite toh a kikhiatna uh a um sih hi. Hagau Siangthou ahihlouhleh Pathian nasan a soisia uhi. Jesu hun laiin, Jesu gingta lou tampi a um uhi. Huleh silbawltheihna natoh limdangtahte mu mahleh uh, Hagau Siangthou doudaal in a ding zing uhi. Huchi ahih laiin zong, Jesu'n a tawp tandong A en a huleh hutdamna a tan theihna diingun hun lemchang A honsah hi.

Tuni in, biaahinnte nasan ah, sialluang gawpsa leh pat tobang mi tampi a um uhi. A muuh un 'Lalpa, Lalpa' a chi va hizongleh sual ah a hing nalai uhi. Khenkhatte Pathian lang ah a ding uhi. A ginna tawmtah utoh, heemna ah a puuh va huleh biaahinn a kai sih uhi. Biaahinn a silgilou kihete a bawl nung un, nuammoh sa in biaahinn a nusia uhi. Hoihna i neih va ahihleh, amaute a diingin i khut uh i zandoh diing uhi.

Khenkhatte chu mi'n a lungsiat diing uleh biaahinn sunga heetpha a um diing a ut va, hizongleh huchibang sil a um louh chiangin a sung va gilou um chu ahung pawtdoh hi. Kouhtuam membarte'n a lungsiatte uleh hagaulam a masawnte ana thangsiat va, huleh amaute a soisia uhi. Amau in na apat uh ahihlouhleh a lungtang utoh na a tong sih va, huleh hutobang natohte a demna diing a hawl uhi.

Hitobang dinmun ah zong, hagaulam hoihna neite'n a giitlouhna uh langsahte a lungsiat diing uhi. Koi dih a koi dihlou, koi hoih a koi gilou chih khen leh a ngaihtuahna uh a sawntum sawm sih uhi. Lungtang thudihtah toh hoihna in amaute bawl in a lungtang uh a khoih uhi.

Mi khenkhatte'n a polam a lunggulh nei a biaahinn kaite hihna taahlang diingin ahung ngen uhi. Huchia bawl in kouhtuam membarte heem in a umsah sih henla huleh hutobang mite chu biaahinn hung kaidah mawngmawng uheh a chi uhi. Ahi, a hihna uh taahlat in kouhtuam a susiangthou diing hi, hizongleh a innkuanpihte ahihlouhleh amaute hung biaahinn a hung puite a diinga bangchituha nuammoh diing ahiai? Kouhtuam membarte bang jiah ahakhat a i hahsiang a ahihleh, mi tampi kouhtuam ah a umta sih diing hi. Migiloute nasan hen leh amaute vaan lalgam a pui chu kouhtuamte mohpuaahna laha khat ahi.

A dihtahin, mi khenkhatte'n a tung vah hoih langsah zonglei amau a giitlouhna a pun deuhdeuhdan a langsah va huleh sihna lampi a puuh diing ahihdan uh a langsah uhi. Hizongleh hitobang dinmun nasan ah zong, i thuaahtheihna uh i gamgi i hung diing uh ahi sih a huleh huh gamgi a khel uleh zong i nuse diing uh ahi sih hi. A tawp tandong a nuse lou hagaulam hinna a hawl uh i phalsah sawm uh chu hagaulam hoihna ahi.

Buhtang leh buhsi chu a kibang mahmah va hizongleh buhsi chu a sunglam a hawm hi. Buh laah zoh chiangin, loubawlmi in buhtah chu buhbuuh ah a sunglut diing a huleh buhsi a haltum diing hi. Kouhtuam ah buhtah leh buhsi a um hi. A polam ah, michih chu gingtu a bang diing va, hizongleh Pathian Thu mang buhtah a um a huleh gilou bawl buhsi zong a um hi.

Hizongleh loubawlmi in buhlaah hun a ngaah bangin, lungsiattu Pathian in a tawp tandong in buhsi tobangte hung kihen diing A ngaah hi. Ni tawpni hung tun masang, eimah a hagaulam hoih chituh in michih hutdam ahihna diing hun lemchang i piaah va huleh ginna mitt oh michih i et uh a ngai hi.

Thudih a hoihna juihna diing silbawltheihna

Hagaulam hoihna toh hagaulam umdan dangte kikhiatna bang ahiai chiin na buai maithei hi. Chihchu, Samari Mihoih tehkhinna sung ah, a gamtatnate chu phatuamngaihna lungsim leh hehpihna umdante bangin a soi theih a; huleh i kihau louh va ahihlouhleh i aw uh sangsah louh va ahihleh, hamuang leh kingaingiam i hi diing uhi. Huchi ahihleh, hite zousiah hagaulam hoihna sung a um ahi diai?

Himah e, lungsiatna, lungtang a phatuamngaihna, hehpihna, huleh kingaihngiamna zousiah chu hoihna sung ah a um hi. A malam a kisoisa bangin, hoihna chu Pathian hihna a hi a huleh hikhu chu ngaihdan lianpi ahi. Hizongleh hagaulam hoihna in a kawh tuambiihte chu hoihna juih utna leh hukhu bawlna diinga haatna ahi. A kawh ahihleh midangte tunga hehpihhuaisahna nei diing hehpihna ahihlouhleh amaute panpihna natoh ahi sih hi. A kawh pentah ahihleh Samari mi in hehpihna a neih a ngaih laia a pai pel mai theih louh khu ahi.

Huleh, kihaulouhna leh soidohlouhna chu kingaihngiam zat khat ahi. Hizongleh hitah a hagaulam hoih umdante chu hagaulam hoihna i juih jiah va kilemna i suhkeeh theih louh uh khu ahi. Kahdoh leh midang heet a um sangin, hih hoih i juih jiah va kingaihngiam i utna uh ahi.

Ginum a i um laiin, hoihna gah i neih va ahihleh, sil khat chauh ah na ginum sih diing a hizongleh Pathian insung zousiah ah zong na ginum diing hi. Na mohpuaahna khat pouhpouh na zulhzausan leh, hukhu jiah a gimthuaah mi koiahakhat a um diing hi. Pathian lalgam chu ahi diing bangtaha sepdoh ahi sih diing hi. Hujiahin, nangmah a hoihna na neih leh, hite toh kisai in nuammoh sahna na nei sih diing hi. Hute na kiheetmohbawl thei sih diinga, huchiin Pathian inn zousiah ah na ginum diing hi. Hih daan chu hagau umdan dangte zousiah ah na zang thei diing hi.

Migiloute'n giitlouhna a hikhu a sepdoh louh va ahihleh nuammohsahna a nei sih diing uhi. Gilou a neihna chiangchiang va, gilou tampi a sepdoh nung chiang chauh un nuam a sa diing uhi. Mi khenkhat mi kihou lai bohtansah chiingte a diingin, midangte kihouna a va kigolh louhna diingin a kisuum zou sih hi. Midang lungtang a sunhat uh ahihlouhleh midang tung a hahsatna a tut vangun, a bawl ut uh a bawl zoh chiang chauh un a lung uh a muang diing hi. Hichi ahihvangin, Pathian Thu toh kituaah lou a chiindan uleh lungput uh hoihlou a heetzing va huleh paihmang a tup va ahihleh, a tamzaw a paihmang thei diing uhi. Hizongleh a sawm louh va huleh tawpsan a tup louh uleh, kum sawm ahihlouhleh sawmnih nung in zong a ngeingei ahi diing uhi.

Hizongleh hoihna nei mite hukhu lehlam ahi uhi. Hoihna a juih louh va ahihleh, manna a tuaah uh sangin nuammoh a sazaw diing va, huleh huchiin a ngaihtuah kiitkiit diing uhi. Hujiahin, manna khenkhat tuaah mahleh uh, midangte poi a khoih sih diing uhi. Nuammoh sa mahleh uh, daan juih a sawm diing uhi.

Hih lungtang chu Paul thusoi apat in i chiamkha thei uhi. Sa neehna diing ginna a nei hi, hizongleh midang khat a diinga puuhna ahihleh, a hinkhua pumpi a sa neeh diing a ut sih hi. Huchibang in, nuam a sah mahmah uh khat in midangte a diinga nuammohsahna a tut leh, hoihna nei mite'n midangte jala nuam a sah diing uh bawl louh ah nuam a sazaw uhi. Midangte nuamsahlouhna diing bangmah a bawl thei sih uhi; huleh, amau a Hagau Siangthou um lungkhamna diing bangmah a bawl thei sih uhi.

Huchibangin, sil zousiah a hoihna na juih leh, hagaulam hoihna gah na suang chihna ahi. Hagaulam hoihna na suang leh, Lalpa lungput na nei diing hi. Naupang neukhat puuhsahna theihna diing nasan na bawl diing hi. A polam nasan ah hoihna leh kingaihngiamna na nei diing hi. Lalpa meel suun in zahbawl in na um diinga, huleh na khoheidan leh haamdan zong a bawn in ahung bukim diing hi. Michih mitmuh in na kilawm diinga, Khrist silgimtui na pedoh diing hi.

Matthai 5:15-16 in hichiin a chi hi, "Mi'n tha umei de in loh a khuhkhum ngei sih uh, atunna ah a koihzaw uhi; huchiin inn sunga mi um zousiah asalh vaah hi. Hutobangin na vaah uh mi mitmuhin vaah heh, huchiin amahun na natoh hoihte uh amu diingva, na Pa uh vaan a um chu a paahtawi thei diing uhi." Huleh 2 Korinthete 2:15 in hichiin a chi hi, "Bangjiahin ahiai i chihleh hutdama umte leh mangthaite ah Pathian a-diingin Khrist gimnamtuui ka hi uhi." Hujiahin, kintaha hagaulam hoihna gah suangna jala sil zousiah a Pathian paahtawina na hung piaah va huleh khovel a Khrist gimtuina na hung piaahdoh uh chu ka kinepna ahi.

Kisimbu 12:7-8

"Ka innsung mite zousiah laha ginum, ka suaah Mosi chu huchibang ahi sih hi. Amah toh chu haamkamin, chiantahin, thuguuh umlouin ka kihou diing va; Lalpa meel batpih amu diing: huchi ahihjiahin bangchidaana ka suaah Mosi soise ngam na hi viai? achi a."

Bung 8

Ginumna

I ginumna heetdoh ahihna diingin
Na ahung kipia sanga tamzaw bawl in
Thudih ah ginum in
Pu deihna bangin tong in
Pathian inn zousiah ah ginum in
Pathian lalgam leh dihtatna diinga ginumna

Ginumna

Mi khat chu gamdang ah khualzin in a chiah hi. A zinkal in a gou neihte etkol a poimoh a, huchiin a suaah thumte kawm ah hih na a pia hi. A hihtheihna chiat uh dungjuiin talent khat, talent nih, huleh talent nga chiat a piaah hi. Talent nga tang suaahpa'n a pu a diingin sum ana hawl a huleh talent nga ana muhbeh hi. Talent nih kipepa suaahpa'n zong talent nih ana muhbeh hi. Hizongleh talent neipa'n leinuai ah ana phum a bangmah a pung ana muhbeh sih hi.

A pu in a lehnih leh a lehnga mu suaahte a paahtawi a huleh lawmman a piaah a, huchiin a soi hi, "Hoih e, suaah hoih leh ginum" (Matthai 25:21). Hizongleh a suaah talent nei a ana phummangpa a tai a hichiin a chi hi, "Nang suaah hoihlou leh thasia" (c. 26).

Pathian in zong i talent dungjuiin mohpuaahna tampi ahung piaah a, huchia Amah a diinga i sepdoh theihna diing un. I haatna zousiah toh i mohpuaahna uh i suhbuchin va huleh Pathian lalgam i phungvuh chiangun, eite chu 'suaah hoih leh ginum' a heet i hung hi thei uhi.

I ginumna heetdoh ahihna diingin

Dictionari in 'ginumna' thumal chu 'deihna ahihlouhleh muanhuaina dettaha dinna, ahihlouhleh thuchiam ahihlouhleh mohpuaahna a dettaha belh tintenna,' chiin a let hi. Khovel nasan ah zong, mi ginumte chu a muahuaina jiahun sangtaha koih ahi uhi.

Hizongleh Pathian in A heetpha ginumna chu khovel mite a toh a kibang sih hi. I mohpuaahna uh a bukim a natoh a sepkhiaah mai chu hagaulam ginumna ahi thei sih hi. Huleh i theihtawp va pan i laah va huleh mun khat a, a biih a i hin va ahih zongleh, hichu ginumna bukim ahi sih hi. Zi khat, nu khat, ahihlouhleh pasal khat banga i mohpuaahnate uh i suhbuchin va ahihleh ginumna a kichi thei diai? Hichu i bawl diing dawl uh bawlna chauh ahi.

Hagaulam a ginumte chu Pathian lalgam a diinga gou ahi va huleh amaute'n silgimtui a pedoh uhi. Lungtang kihenglou silgimtui, a kiliing lou thumanna silgimtui a pedoh uhi. Mikhat in bawng khat na hoih toh a thumanna leh lungtang muanhuai silgimtui a tehkaah thei hi. Hitobang silgimtuite i piaahdoh va ahihleh, Lalpa'n eite chu ngaihhuai ahung chi diinga huleh ahung kawi ut diing hi. Hichu Mosi hinkhua a siltung ahi.

Israel tate chu Aigupta ah kum 400 val sal in a taang uhi, huleh in amaute Canaan gam a puiluutna diing mohpuaahna a tang hi. Pathian in amah A lungsiat mahmah a huchiin Pathian in kimaituah in a houpih hi. Amah chu Pathian inn zousiah ah a ginum a huleh Pathian thupiaah zousiah a subuching hi. Ama'n a tuaah diing buaina zousiah zong a ngaihtuah sih hi. Amah chu Israel lamkai khat ahihna dawl a, a mohpuaahna suhbuchinna ah sil zousiah ah a ginum a huleh a inkuangte tung ah zong a ginum hi.

Nikhat, Mosi sungpa, Jethro, a kawm ah ahung hi. Mosi in a kawm ah Pathian in Israel mipi a diinga sillimdang a bawl zousiah ana hilh hi. A ziingni in, Jethro in sil chituam deuh khat a mu hi. Mite chu Mosi mu diingin ziingtha in ahung kigual pan uhi. Mosi mai ah a thubuaite uh amau leh amau a kivaihawm theih louhte uh ahung tut uhi. Jethro in thuhilh khat a nei hi.

Pawtdohbu 18:21-22 in hichiin a chi hi, "Hulou zong, mipite laha pat Pathian la umi, mithutah, mi huaihamlou, mi mantaah deuh deuh na teeldoh diinga; hute chu sangkhat tunga vaihawmtu bang, za khat tunga vaihawmtu bang, sawmnga tunga vaihawmtu bang, huleh sawmkhat tunga vaihawmtu bangin na koih diing hi: Amahun mite chu hun chintengin vaihawmsah uheh, huleh hichibang hi henla, thu lian photmah nang kawmah ahung tut diingva, hizongleh thu neu photmah chu amah un a ngaihtuah mai diing uh: huchiin hileh nang diingin anuam deuh diinga, na puaahgih ahung puaahpip diing uhi."

Mosi in a thusoi a ngaikhia hi. A sungpa thusoi in umzia a nei chih hedoh in huleh a thuhilhna a pom hi. Mosi in mi hithei dihloutaha muhna hote a teeldoh a huleh mipite tung ah a sang a sim, a za a sim, a sawmnga huleh a sawm a simte tung ah lamkaitu in a koih hi. Mite a diingin a taangpi leh thu hahsa loute vaihawmtu in a pang va huleh Mosi in thuliante chauh a a vaihawmsah hi.

Mikhat in a lungtang hoih toh a mohpuaahna zousiah a suhbuchin chiangin ginumna gah a suang thei hi. Mosi chu a inkuanpihte tung ah ginum in huleh mite na a tohsah hi. A hun leh tha zousiah a zangbei a, huleh hikhu jiahin amah chu Pathian innsung zousiah a ginum a heet in a um hi. Kisimbu 12:7-8 in hichiin a chi hi, "Ka innsung mite zousiah laha ginum, ka suaah Mosi chu huchibang ahi sih hi. Amah toh chu haamkamin, chiantahin, thuguuh umlouin ka kihou diing va; Lalpa meel batpih a mu diing: huchi ahihjiahin bangchidana ka suaah Mosi soise ngam na hi viai? A chi a."

Tuin, Pathian in A heetpha ginumna gah suang mi chu bangtobang ahi diai?

Na ahung kipia sanga tamzaw bawl in

Natongtute a natoh man un loh piaah ahih chiangun, a mohpuaahna uh a zoh chiangun a ginum uh i chi sih hi. A natoh diing uh a tong un i chi hi, hizongleh a loh muhna uh chauh tong ahi va, hujiahin ginum ahi uh i chi thei sih hi. Hizongleh loh nei natongtute lah ah zong, khenkhat a loh muhna uh sanga tamzaw tong a um uhi. Peih lou sasa in a tong sih va, ahihlouhleh a loh dungjui va a toh diing dawl tong ahi uh chiin a ngaihtuah sih uhi. A lungtang, lungsim leh hinna zousiah utoh a hun uleh sum siit lou keei in, a lungtang vapat deihna hung piang toh a tong uhi.

Hunbit a kouhtuam natongtu khenkhat in amau piaah ahih sang va tamzaw a tong uhi. Natoh hun peel ahihlouhleh suti nite in zong a tong va, huleh a toh louh chiangun, Pathian mai a, a mohpuaahna uh a ngaihtuah gige uhi. Amah uh na kipiaah sanga tamzaw tong in kouhtuam leh membarte bangchiin a hoihzaw in a na uh ka tohsah diai chiin a ngaih gige uhi. Huban ah, hagaute a etkolna diingun pawl lamkaite mohpuaahna a la uhi. Hichibangin ei kawm a hung kipiaah mohpuaahna sanga tamzaw bawlna diing ginumna ahi.

Huleh, mohpuaahna laahna ah, ginumna gah suangte'n a mohpuaahna sang va tamzaw a tong uhi. Etsahna diingin, Mosi tungtaang ah, Israel tate sual bawlte hutdamna diinga a haamtei chiangin a hinna a pedoh hi. Hichu a haamteina Pawtdohbu 32:31-32 a kimu apat in i mu thei hi, "Huchiin Mosi chu Lalpa kawm ah ahung tung kiit a, Oh, hi mite'n sual khawhtah mai ana bawl tava, sana pathiante a kibawlta uhi. Ahiin tuin a sualna uh na ngaihdam diing inchu; – huleh na ngaihdamlouh diing inchu na lehkhabu gelhsa a'pat hehpihtahin hung thaaimang in!"

Mosi in hih a mohpuaahna a suhbuching laiin, Pathian in a bawl diinga A thupiaah natoh in a mang mai sih hi. Ama'n, 'amaute kawm ah Pathian deihzawng ka theihtawp suah in ka bawl hi, hizongleh a pom sih uh. Bangmah ka loh thei sih," chiin a ngaihtuah sih hi. Pathian lungtang a nei a huleh a lungsiatna leh a pantheihna zousiah toh mite a lamkaih hi.

Hichu Paul hinkhua toh a kibang hi. Romte 9:3 in hichiin a chi hi, "Bangjiahin ahiai i chihleh ka unaute, tahsa lama ka chipihte luangin keimah Khrist kawma pat bawltuam khopa haamse thuaahin um leng ka chi hi." Hizongleh Paul leh Mosi te ginumna i zaah va huleh i heet vangun, ginumna i chituhta uh chihna ahi sih hi.

Ginna nei a huleh a mohpuaahna uh tongdohtute Mosi dinmun ah ding uleh soidan diing a chituam deuh a nei diing uhi. Chihchu, hichiin a chi maithei uhi, "Pathian, ka theihtawp ka suah hi. Mite ka hehpih a, hizongleh hih mipite ka pui laiin ka gim mahmah hi." A soi uh a tahtah in chu hikhu ahi, "Ka bawl diing teng ka bawl jiahin ka kimuangta hi." Ahihlouhleh, amau mohpuaahna hi sih zongleh, huh mite sualnate jiahin midangte toh kitaihilhna a tangkhawm diing uh chiin a laurhawng maithei uhi. Hitobang mite lungtang chu ginumna toh a kigamla mahmah mei hi.

A dihtahin, mi khatpouhpouh a hichiin a haamtei sih hi, "A sualnate uh jiahin ngaidam in ahihlouhleh a min uh chu hinna lehkhabu apat in thaimang in." Hikhu umzia chu, i lungtang va ginumna gah i suang va ahihleh, sil paisual khute tung ah ke'n mohpuaahna ka nei sih i chi mai thei sih uhi. I silbawl vah i theihtawp uh i suah uh chih i ngaihtuah ma un, a khatveina diinga mohpuaahna ahung kipiaah chiangin bangtobang lungtang nei i hi viai chih i ngaihtuah masa diing uhi.

Huleh, hagaute a diinga Pathian lungsiatna leh hehpihna leh

Pathian in a sualna A gawt diing ahi chiin soi mahleh Pathian in amaute A suse nuam sih hi. Huchi ahihleh Pathian mai ah bangtobang haamteina i neita diviai? I lungtang thutah vah, "Pathian, hichu kei hihkhelh ahi. Amaute hoihtaha puihuai lou kei ka hi. Keimah luangin amaute chu hun lemchang khat piaah in."

Sil dangte zousiah ah zong hikhu a dih veh hi. Ginumte'n, "Ka bawl huntawhta," a chi maimai sih va, hizongleh a lungtang zousiah utoh a luangleet in a tong diing uhi. 2 Korinthete 12:15 Paul in hichiin a chi hi, "Huleh ke'n chu nang u'diingin kipaahtahin ka seeng diinga, ka kiseeng bei diing hi; ke'n nanguh hung lungsiat seemin, nangun kei hung lungsiat moh seem zongleh u'chin."

Chihchu, Paul chu hagaute enkol diinga nohhaat thu a bawl ahi sih huleh a kilawmna mai in a bawl sih hi. A mohpuaahna sepdohna ah a kinpaah mahmah a huleh hukhu jiahin hagau dangte a diingin a kiseeng diing a chi hi.

Midangte hagau a diing buchingtahin a kilaan gige hi. Paul dinmun tobangin, kipaahna leh lungsiatna i mohpuaahna uh luanglet zen a suh buching theih va ahihleh hikhu chu ginumna dihtah ahi.

Thudih ah ginum in

Mi koiahakhat in gilou pawl a zop a huleh a hinkhua chu gilou pawl lamkaipa kawm ah a hinna ka pekhia hi. Pathian in amah ginum A chi diai? Hilou e! Pathian in hoihna leh thudih a i ginum chiangin i ginumna ahung heetpih thei hi.

Khristian khat in ginna a kuhkalna hinkhua i zat chiangin, mohpuaahna tampi piaah in a um thei uhi. Dinmun khenkhat ah a tuung in thanopna lianpi toh a mohpuaahna uh suhbuchin a tum va, hizongleh khoitahahakhat ah a tawp jel uhi. A lungsim uh chu a sumdawnna uh keehletna diing a guanggalh uh in a lamang jel hi. Hinkhua a hahsatnate jiahun ahihlouhleh midangte apat a gawtna thuaah diing a pelh ut jiahun a mohpuaahna uh suhbuchinna diinga a thanopna masa uh a mangsah maithei uhi. Bang diinga a lungsim uh hichibanga kiheng ahiai? Hikhu jiah chu Pathian lalgam a diinga a toh laiun a hagaulam ginumna uh a ngaihsahlouh jiah uh ahi.

Hagaulam ginumna chu i lungtang uh teeptanna ahi. Hichu i lungtang tuamna puantual sawpsiang gigena ahi. Hichu sualnate, thudihlouhnate, gilou, dihtatlouhna, daanbeina, huleh mialna zousiah paihmang a huleh siangthou hung hihna ahi. Thupuandoh 2:10 in hichiin a chi hi, "Sih tanpha in ginum in, huleh hinna lallukhuh ka hung pe diing hi." Hitah ah, sih tanpha a ginum diing chih tahsalam a i sih tandong na hahtoh a toh a huleh ginum diing chihna ahi sih hi.

Hagaulam ginumna suhbuchinna diingin, sisan suah tanpha a sual dou a pang a huleh Pathian thupiaahte kepbit masat diing ahi. A masapen a poimoh chu gilou, sual, uleh thudihloute Pathian in A huat mahmahte paihmang ahi. I lungtang teeptan lou a tahsalam a na hahtoh a i toh leh, hikhu hagaulam ginumna i chi thei sih hi. Paul in, "Niteng in ka si," a chih bangin, i tahsa chu i sihsah veh va huleh i hung siangthou diing uh ahi. Hikhu chu hagaulam ginumna ahi.

Pa Pathian in ei apat a, A deihpen chu siangthouna ahi. Hikhu i heet va huleh i lungtang uh teeptanna ah i theihtawp i suah diing uh ahi. A dihtahin, a veh a i hung kisuhsiangthou masang uh mohpuaahnate bangmah i la thei sih uhi. Hih umzia chu mohpuaahna bangtobang tuin semkhe mahlei, i mohpuaahna suhbuchin toh kiton a siangthouna i sepdoh diing uh ahi.

A lungtang teeptan zingte'n a ginumna va a lungput vah kihenna a nei ngei sih diing uhi. Pathian-piaahsa mohpuaahnate chu Pathian leh eite kikal a thuchiam kibawl ahi, huleh hahsatna khatpouhpouh ah i thuchiamte i botse ngei sih diing uhi.

A lehlam ah, i lungtang va teeptanna i ngaihsahlouhleh bang a chi diai? Hahsatna leh hunhahsa i tuaah chiangun i lungtang uh kembit thei sih diing uhi. Pathian toh kimuantuahna a i kizopna uh i nusia un huleh i mohpuaah uh i tawpsan diing uhi. Huchiangleh, Pathian khotuahna i neih kiit va ahihleh, hun tomkhat a diingin i tong haat kiit diing va, huleh hichu a pai zom zing diing hi. Hitobang a kiheng themthum natongtute chu ginum a heet in a um ngei sih diing hi, a na uh hoihtahin tong mahleh uh.

Pathian in A heetpha ginumna neihna diingin, hagaulam ginumna zong i neih diing uh ahi, huh umzia chu i lungtang teep uh i tan diing uh ahi. Hizongleh i lungtang teeptanna uh jiang uh chu i lawmman uh ahi sih hi. Lungtang teeptan chu Pathian tate hutdam a umte a diinga a lou thei lou ahi. Hizongleh i sualnate i paihmang va huleh suhsiangthousa lungtang toh i mohpuaahna uh i suhbuchin va ahihleh, tahsalam lungsiam toh i suhbuching uh chianga sanga gah thupizaw tham i suang thei uhi. Hujiahin, lawmman thupizaw i mu diing uhi.

Etsahna diingin, Pathianni in nitum a tong diinga kipiaahdoh ni in na khosaul a dim in na na tong hi. Hizongleh mi tampi toh na kihau a huleh midang tampi toh kituaahlou in na um hi. Kouhtuam sung a phun kawm leh lungnoplouhna toh na toh leh, na lawmman diing tampi kiamsah in a um diing hi. Hizongleh kouhtuam a hoih leh lungsiatna toh midang toh kituaahtaha na toh leh, na natoh chu Pathian kawm a silgimtui pomtaah ahi thei diinga, huleh na bawl photmah chu lawmman ahi diing hi.

Pu deihna bangin tong in

Kouhtuam ah, Pathian lungtang leh deihna dungjui a i toh diing uh ahi. Huleh, kouhtuam sunga daan um dungjui a i lamkaite thu mang a i ginum diing uh ahi. Thupilte 25:13 in hichiin a chi hi, "Palai ginum chu amah sawltute adiingin buh-aat lai a vuuh vot to'bang ahi; ajiahchu a pute hinna a suhhalhsah veu hi."

I mohpuaahna vah chitah mahmah zonglei, i deihte chauh bawl in pu deihna i taangtun sih diing hi. Etsahna diingin, na company va na pu in vanleitu poimohtah hung diing ahihjiahin ofis a umden diingin ahung chi hi. Hizongleh nang ofis toh kisai sil sai diing a polam ah na nei a huleh hukhu na va bawlta hi, hizongleh a nitum ahung daihta hi. Ofis na toh kisai a ofis polam a va pawt hizongleh chin, na pu mitmuh in nang chu ginum lou na hi.

Pu deihna i man louhna jiah uh chu i ngaihdan i juih jiah uh ahiai ahihlouhleh mahni deihdan i neih jiah uh ahi. Hitobang mi chu a pu na tong bang in kilang zongleh, ginumna toh tong ahi tahtah sih hi. Ama'n chu amah ngaihdan leh deihna jui chauh ahi ahi, huleh a ut hunhun in a pu deihna a nial thei chih a langsah hi.

Bible ah Joab kichi mikhat, David toh kitanau leh a sepaih houtulian, toh kisai i simkha hi. Joab chu Kumpipa Saul in David a delh laiin lauhuaina dinmun zousiah ah David kawm ah a um hi. Ama'n pilna a nei a huleh amah chu misual ahi. David in a bawl diinga a deih zousiah ana enkai hi. Ammon mite a dou a huleh a khopi uh a laah laiin, ama'n a zou veh a, hizongleh ama'n David a kou a huleh amah a lasah hi. Ama'n khopi laahna a paahtawina a tang sih a hizongleh David a tangsah hi.

Hichibangin ama'n David na hoihtahin a tohsah hi, hizongleh David chu amah tung ah a lungkim talo sih hi. Ajiahchu amah a diinga lawhna ahung hih chiangin David thu a mang sih hi. Joab in amah siltup suhbuchin ahung ut chiangin David mai a luhlultaha gamtat poi a sa sih hi.

Etsahna diingin, sepaih houtulian Abner, David meelmapa, David kawm ah kipedoh diing in ahung hi. David in ana lamtuaah a huleh a sawl kiit hi. Hikhu jiah ahihleh David in amah pomna jalin mite lah ah kituaahna a siambaihzaw hi. Hizongleh a khonung a Joab in hi thu ahung zaah in, Abner a jui a, a thatta hi. Hikhu jiah ahihleh Abner in kidouna masa ah Joab sanggampa a that hi. Abner a thah a ahihleh David chu dinmun hahsatah ah a um diing chih a he hi, hizongleh ama'n a ngaihtuahna bangtahin sil a bawl hi.

Huleh, David tapa Absalom David tung a ahung hel chiangin, David in a sepaihte Absalom mite toh kidou diinga chiahte kawm ah a tapa jainemtaha bawl diingin a ngen hi. Hih thupiaah za in, Joab in Absalom chu a that hi. Hikhu jiah chu Absalom a hawi va ahihleh, a hel kiit thei a, hizongleh a tawpna ah, Joab in amah hoihsah bangin kumpipa thupiaah a mang sih hi.

Kumpipa toh hun hahsa chinteng ah ana kithuah mahleh uh, a hun poimohtah ah kumpipa thumang lou in a um a, huleh David in amah a muang sih hi. A tawp in, Joab chu Kumpipa Solomon, David tapa, tung ah a hel a, thah in a um hi. Hih hun ah zong, David deihna banga gamta lou in, ama'n kumpi diinga hoih a sah chu a tungding sawm hi. A hinkhua zousiah David a diingin a tong a, hizongleh kipaahna neitu hung hih sangin, a hinkhua chu mihel bangin a si hi.

Pathian na i toh chiangin, thanopna toh na toh sangin, a poimohzaw chu Pathian deihna i juih uleh juih louh uh ahizaw hi. Pathian deihna kalha pai a ginum chu bangmah a phatuam sih hi. Kouhtuam a na i sep chiangin, i ngaihdan banga pai sangin i lamkaite uh juih a poimohzaw hi. Hichibangin, meelmapa dawimangpa leh Setan in ngohna bangmah ahung tut thei sih diinga huleh a tawpna ah Pathian paahtawina i pe diing uhi.

Pathian inn zousiah ah ginum in

'Pathian inn zousiah ah ginum in' kichi umzia chu eimah toh kisai a sil zousiah a ginum chihna ahi. Kouhtuam ah, mohpuaahna tampi nei mah zonglei i sep diingte i sepdoh diing uh ahi. Kouhtuam ah mohna biih nei zonglei, membar khat i hihna dawl va i telna diing mun a tel diing chih chu i mohpuaahna uh ahi.

Kouhtuam chauh hilou in, huleh tohna mun leh skul ah zong michih in a mohpuaahna a nei hi. Pathian in zousiah a ginum kichi chu i hinkhua va i mohpuaahna lam chinteng a zou chihna ahi: Pathiang tate bangin, kouhtuam lamkaite ahihlouhleh membarte bangin, inkuanmite bangin, compani a natongtu bangin, ahihlouhleh skul a naupang ahihlouhleh houtute bangin. Mohpuaahna khat ahihlouhleh nih mai a ginum diing hilou in huleh mohpuaahna dangte ngaihsahlou in. Sil zousiah ah i ginum diing uh ahi.

Mikhat in, 'Sapum khat chauh ka nei a bangchiin mun zousiah ah ka ginum thei diai,' chiin a ngaihtuah maitehi. Hizongleh hagau a i kihenna chiangchiang ah, Pathian inn zousiah ah ginum chu sil hahsa ahi sih hi. Hun neucha zong a phatuam diinga i zat leh, hagau a i tuh leh a gah i lou ngei diing hi.

Huleh, hagau a kihengte'n amau lawhna diing leh nopsahna diing chauh a ngaihtuah sih va hizongleh hoihna diing a ngaihtuah uhi. Midangte muhna apat in sil a en masa uhi. Hujiahin, hutobang mite'n amau kipedoh diing dong hizongleh a mohpuaahna zousiah uh a semdoh uhi. Huleh, hagau a i tunna dan chiangchiang ah, i lungtang chu hoihna in a dim diing hi. Huleh hoih i hih va ahihleh a ning langkhat chauh ah i awn sih diing hi. Hujiahin, mohpuaahna tampi i neih zongleh, mohpuaahna bangmah i ngaihsahlouh a um sih diing hi.

I kiim a sil umte sepdohna diingin i theihtawp i suah diing va, huleh midangte a diinga a tamzaw i sepdoh theihna diingin. Huleh, i lungtang ah thudihna i kiim a mite'n a phawh thei diing uhi. Huchiin, a lunglel sih diing uhi ajiahchu a hun tengin amaute toh i umkhawm thei sih diing va hizongleh amaute a diinga i sepdoh jiahun a kipaah diing uhi.

Etsahna diingin, mikhat in mohpuaahna nih a nei hi, huleh amahnu chu pawl khat a lamkai ahi a huleh a dang ah membar khat ahi. Hitah ah, ama'n hoihna a neih a huleh ama'n ginumna gah a suang leh, a khatzaw samsam ngaihsahlou in a um sih diing hi. "Kei chu a masazopen pawl a lamkai ka hih jiahin a nunungzopen pawlte'n ahung hesiam diing uh," a chi mai thei sih hi. A nunungzopen pawl a tahsa a, a va tel theihlouh zongleh, bangchizawng ahakhat leh a lungtang ah huh pawl a diinga phattuamna nei in a um sawm diing hi. Huchibangin, Pathian inn zousiah i ginum thei un huleh hoihna i neihna chiangchiang ah michih toh kilemna i nei diing uh ahi.

Pathian lalgam leh dihtatna diinga ginumna

Joseph chu Potiphar, kumpipa veengtu sepaih houtulian, inn

ah suaah a sawl in um hi. Huleh Joseph chu ginum leh muanhuai ahi a huchiin Potiphar in hih suaah tangval khut ah na zousiah a ngansiah a huleh bang a bawl chih a ngaihsah sih hi. Hikhu jiah chu Joseph in, a pu lungtang nei in, sil neucha zong a theihtawp a hoih in a enkol hi.

Pathian lalgam in mun tampi ah Joseph tobang natongtu ginum tampi a mamoh hi. Mohpuaahna khat na neih a, huleh ginumtaha na suhbuchin leh na lamkaitu in a enkol a ngai sih diinga, huchiin, Pathian lalgam a diinga bangchituha a haatna hi diing na hiai!

Luke 16:10 in hichiin a chi hi, "Sil neucha ginum chu sil tampi ah a ginum hi; huleh sil neucha a dihtat lou chu tampi ah zong a dihtat sih hi." Pathian in umze bei in a koih sih a, hizongleh hu sangin Joseph chu Aigupta a 'prime minister' in a pangsah hi.

Pathian natohna houtah in ka la ngei sih hi. Kouhtuam ka phuh ma in zaankhovaah haamteina hun ka zang veu hi, hizongleh kouhtuam phuh ahih zoh in, zaankim apat in ziingkallam daah 4 tan ka haamtei a huleh huzoh chiangin ziing thumkhawmna ah daah 5 in ka tel hi. Hulai in tuni kinei bangin daah 9 a kipan Daniel haamteina ka nei sih uhi. Pastor dang ahihlouhleh pawl lamkai ka nei sih uhi, huchiin ka tangin ziing haamteina kikhop puitu in ka pang zing hi. Nikhat zong ka peelkha sih hi.

Huleh, Pathianni kikhopna, Nilaini kikhop, leh Ziltawpni zaankhovaah kikhopna a diingin thusoi chu, bible ziln skul a ka kai pum in ka buatsaih jel hi. Ka gim jiah mai in ka mohpuaahna midangte ka koihdoh tuan sih hi. Bible zilna mun apat ka hung kileh chiangin damloute ka va enkol a huleh membarte ka va vehkual hi. Gam pumpi apat a hung paikhawm damlou tampi a um uhi. Kouhtuam membarte hagaulam a natohsah tupna toh vehna ka neih tengin ka lungtang zousiah toh ka tong jel hi.

Hu laiin, skulnaupang khenkhatte'n biaahinn ahung kaina diingun bus nih vei thum vei a hen uh a ngai hi. Tuin, kouhtuam in bus ka nei uhi, hizongleh hu laiin ka nei sih uhi. Hujiahin, skulnaupangte chu bus tuanman lauthawng lou kei in biaahinn ahung kai diing uh ka deih hi. kikhop tawp chiangin skulnaupangte chu bus khawlna tan ka va jui a huleh bus tuantheihna lehkha ahihlouhleh ticket piaah in ka va hakhe jel hi. Bus tuantheihna lehkha kiningching ka piaah a huchia a kiit chianga zong ahung kikhop theihna diingun. Biaahinn a diinga thohlawm chu dollars sawm a sim chauh ahi a, huleh hikhu chu kouhtuam in a enkol zou sih hi. Ka sumkhawlte apat in bus tuanman diing ka pe jel hi.

Mikhat ahung kikhumluut chiangin, koipouh chu gou manphatah bangin ka ngai a, huchiin amaute a diingin ka haamtei a huleh khat zong hahsuah ahihlouhna diingin ka enkol hi. Hikhu jiahin hu laiin kouhtuam a kikhum photmah koimah a pawt sih uhi. Huchiin, a ngeina bangin, kouhtuam ahung khanglian hi. Tuin huh kouhtuam in membar tampi ahung nei hi. Tuin huh kouhtuam in member tampi a nei a, hukhu in ka ginumna ahung khingdeuhta chihna ahi diai? Himaizen lou e! Hagau ka ngaihkhawhna chu a khing ngei sih hi.

Tuin, khovel pumpi ah kouhtuam kahiang 10,000 val ka neita va huleh pastor, upa, deaconess kumlui, huleh district lamkai, sub-district lamkai pawl neu tampi zong ka nei uhi. Huleh huchi ahihvangin, hagaute a diinga ka haamteinate leh lungsiatna chu a naahzosem in a khangtou hi.

Bangchidan ahakhat in Pathian a na ginumna ahung khing ei? Na lah vah Pathian-piaah mohpuaahna ana nei ngei a, hizongleh tua mohpuaahna bangmah nei nawn lou a um ei? Hun paisa a mohpuaahna na neih bang tuin na nei ei, na mohpuaahna sepdohna diing thalawpna a khing nai sih eimah? Ginna dihtah i neih leh, i ginumna chu ginna a i khan dungjuiin ahung piching hi, huleh Pathian lalgam suhbuchingna diing leh hagau tampi hutdamna diingin Lalpa ah i ginum uhi. Hujiahin, a izawhchiangin Vaangam ah lawmman manphatah tampi i mu diing uhi.

Pathian in natoh chauh a ginumna deih hileh, mihingte ahung siam a ngai sih diing hi, ajiahchu vaanmi leh angel simseenglouh thumang diing um ahih jiahin. Hizongleh Pathian in a jiahbei a, 'robot' tobang a thumang diing koimah A deih sih hi. Ama'n tate a lungtang thuuhtah apat a hung meengdoh Pathian diinga a lungsiatna utoh ginum diing A deih hi.

Psalm 101:6 na in hichiin a chi hi, "Hi gama mi muanhuaite tungah ka mit atu diinga, ka kawma a um theihna diingun; lam hoihbukima pai ama'n ka naa atong diing hi." Gilou a kilang chinteng paihmang a huleh Pathian inn zousiah a ginumte'n chu Jerusalem Thah, Vaangam a tenna mun kilawmpen a, a luutna diing gualzawlna a tang diing uhi. Hujiahin, Pathian lalgam khawm tobang natongtute na hung hih va huleh Pathian lallukhuh toh kinaihtaha um paahtawina na hung tan uh ka kinem hi.

Matthai 11:29

"Ka ngawngkol pua unla,

ka kawmah jil un, ajiahchu jaaineemtah

leh lungtanga kingai-ngiamtah ka hi;

huchi'n na hagau diing un khawldamna na mu diing uhi."

Bung 9

Thunuaigolhna

Mi tampi pomna diing jainemna
Hagaulam jainemna silphalna in a juih
Jainemna gah paitute nungchangte
Jainemna gah suangna diingin
Lei hoih chituh in
Jainemte a diinga gualzawlnate

Thunuaigolhna

Limdangtahin mi tampi in lungtomna, lungkiatna, ahihlouhleh a nungchang uh zahkaitah ahihlouhleh zummohtahte toh kisai a lauthawng uhi. Mi khenkhatte'n a deihna bang va sil a pai louh chiangin a mihihna uh ngoh in hichiin a chi uhi, "Bang ka loh diai, ka umdan a vele." Hizongleh Pathian in mihingte A siam hi, huleh Pathian a diingin A silbawltheihna toh mihingte umzia heng a hahsa sih hi.

Mosi in a lungtom jiahin midang khat a khatvei ana thatkha hi, hizongleh amah chu Pathian silbawltheihna in leitung pumpi a mikingaingiampen leh kingaitawmpen khat hi a Pathian in A heetphana chiang ah a kiheng hi. Johan in a minlem in, 'vaanging tapa' chih in a um a, hizongleh Pathian silbawltheihna in a heng a, huleh 'sawltaah jainem' chih a um hi.

A giitlouhna uh a paihmang nuam va huleh a lungtang-loulai uh a kaih nuam va ahihleh, lungtomte, mi kideihkhopte, huleh mahni masialte chu a kiheng thei va huleh jainemna umdante a chituh uhi.

Mi tampi pomna diing jainemna

Dictionari ah jainemna chu jainem, nem, nou, ahihlouhleh jaidam hihna ahi. Zahkai ahihlouhleh 'milah a tel ngamloute', ahihlouhleh amau leh amau kisoichian theiloute chu jainem bang a kilang maithei uhi. Mi mawlte ahihlouhleh a lehkha heetna uh ngiam jiaha lungthah ngei loute chu khovel mite mitmuh in jainem in a lang maithei uhi.

Hizongleh hagaulam jainemna chu jaidamna leh nemtaha nou hiauhiau mai ahi sih hi. Hikhu chu a dih leh dihlou khenna diinga pilna leh khen theihna neih a, huleh amau a gilou a um louh jiaha michih hesiam leh pom thei umna ahi. Chihchu, hagaulam jainemna chu kiphalna jaidamna leh nemna umdan toh kithuah neihna ahi. Hih kiphalna hoihna na neih leh, hun teng a na jaidam chauh hilou in, hizongleh a poimoh chianga zahumna neihna ahi.

Mi jainem lungtang chu pat bangin a nem hi. Pat chu suang a na seh leh ahihlouhleh phin a na sut leh, a pat in a sil chu a tuam in huleh ana kawi diing hi. Huchibangin, amaute mite'n bangchi bawl zongleh, hagaulam a jainemte'n amaute tung ah lungnopmohna a nei sih diing uhi. Chihchu, a lungthah sih un ahihlouhleh a nopsahlouhna a tuaahkha sih va, huleh midangte tung ah nuammohsahna diing a tut sih uhi.

Midang tung ah thutanna ahihlouhleh mohpaihna a nei sih va hizongleh hesiam leh pomsiam in a um uhi. Hutobang mite apat in mite'n nuamsahna a tang va, huleh mi jainemte kawm ah mi tampi chu a hung thei un huleh tawldamna ahung mu thei uhi. Hikhu chu singkung lianpi vate hung tu a, huleh a baahte ah buuh hung sa in huleh a hung tawldam uhi.

Mosi chu a jainemna jiaha Pathian in A heetpha mi khat ahi. Kisimbu 12:3 in hichiin a chi hi, "Huchiin Mosi in Paran gamdaaia kipanin Lalpa thupiaahin amah u'chu asawlta a: hu mite zousiah chu Israel tate lamkaite ahi uhi." Pawtdohna hun laiin Israel tate chu mipiching 600,000 sanga tamzaw ahi uhi. Numei leh naupang sim in amaute chu maktaduai nih sanga tamzaw ahi diing uhi. Hutobang a mihing tampi makaih chu mi pangai khat a diingin a hahsa mahmah diing hi.

Hichu Aigupta gam suaah ana hisa lungtang khauh mite a diingin ahi diaah hi. Jep a na um a, haamdan dihlou leh kihousiatna na zaah a, huleh suaah natoh hahsatah na toh leh, na lungtang ahung khauh diinga huleh a taah diing hi. Hitobang dinmun ah, a lungtang va khotuahna neihsah ahihlouhleh a lungtang vapat a Pathian lungsiat chu a baih het sih diing hi. Hujiahin Mosi in huchituha silbawltheihna thupi langsah zongleh mite'n Pathian thu a mang sih veu uhi.

A dinmunte va hahsatna neukhat a neih chiangun zong, a phunchia un huleh Mosi lang ah a ding uhi. Mosi in hutobang mite gamdai a kum 40 a pui chih muh maimai in zong, Mosi chu bangchituha hagaulam a jainem ahiai chih i hesiam thei uhi. Hih Mosi lungtang chu hagaulam jainemna, Hagau Siangthou gahte laha khat ahi.

Hagaulam jainemna silphalna in a juih

Hizongleh a nuai a kigial banga ngaihtuah mi koi a um ei, 'Ka lungthah ngei sih, huleh midangte sangin ka jainemzaw, hizongleh ka haamteina dawnna ka um sih. Hagau Siangthou aw zong ka za hoih tahtah sih hi.' Huchiangleh, na jainemna chu tahsalam jainemna ahih leh ahihlouh na etchiat diing ahi. Jaidam leh daidide a na um leh mite'n chu jainem in ahung koih maithei uhi, hizongleh hikhu chu tahsalam jainemna giap ahi.

Pathian in A deih chu hagaulam jainemna ahi. Hagaulam jainemna chu jainem leh jaidam mai ahi sih hi hizongleh kiphalna hoih toh a kijuih diing ahi. Lungtang a kingaihneuna toh hagaulam jainemna bukimtaha chituhna diingin a polam a kimu thei kiphalna hoih chitna zong na neih diing ahi. Hikhu chu mikhat a nungchang toh kituaah a puannaah tung kilawmtah silh bang ahi. Mikhat in nungchang hoih nei mahleh, puansilh lou in guaahtang pai lehleh leh, a saguaahna chu a zumna ahung hi diing hi. Huchibangin, kiphalna hoih tellou jainemna chu a bukim sih hi.

Jainemna hoih chu jainemna taangsahtu kicheina tobang ahi, hizongleh daan dungjui a ahihlouhleh lepchiahna a gamtatna toh a kibang sih hi. Na lungtang a siangthouna a um louhleh, a polam a natoh hoih na neih jiah chauh in kiphal hoih na nei a chih theih sih hi. Na lungtang chituh sanga gamtat kilawm chauh na latsah nuamzaw a ahihleh, na haatlouhnate heetdoh chu a baihlam diinga huleh nasataha hagaulam khanna tongdoh bangin dihloutahin na kingaihtuah diing hi.

Hizongleh hih khovel nasan ah, mi hihna hoih nei lou a, a polam kilatdan nei mite'n midangte lungtang a zou sih diing uhi. Ginna ah zong a sunglam kilawmna chituh loua a polam natohte chauh a ngaihtuahna neih chu umze bei ahi.

Etsahna diingin, mi khenkhatte dihtahin a gamtang va, hizongleh midangte amau ngai loute mohsahna neih in huleh a mungiam uhi. Amaute'n midangte toh a kisaikha chiangun amau tehna chauh paipih in hichiin a ngaihtuah uhi, 'Hikhu a dih ahi, hujiaha bang achia hichia bawl lou ahi viai?' Thuhilhna a piaah chiangun thuhoihtahte a soi diing va, hizongleh a lungtang vah midang mohsahna a nei va, huleh amau mahni-kidihtatsahna leh a lungtang gilou uh a soi uhi. Hitobang mite kawm ah koimah a tawldam sih hi. A lungna un a lungkei diing uhi, huchiin hitobang mite toh kinaih a um a ut sih diing uhi.

Mi khenkhatte ahihleh amau mahni-kidihtatsahna leh giitlouhna ah a lungthah un huleh lungsim uh tohbuai in a um hi. Hizongleh 'dihtatna lungthahna' nei ahi uh huleh hikhu midangte a khualna jiah uh ahi a chi uhi. Hizongleh kiphalna hoihna neite'n mun khatpouhpouh ah a lungmuanna uh a mangsah ngei sih diing uhi.

Hagau Siangthou gahte na suang ut tahtah leh, na polam

kilatdan chauh in na lungtang gilou um na khuhmang thei sih diing hi. Huchia na bawl leh, huchiin midangte a diinga kitaahlang na hi giap diing hi. Silbangkim a na kivel gige a huleh hoihna lampi na teel diing ahi.

Jainemna gah paitute nungchangte

Mite'n mijainemte leh lungliante a muh chiangun, hih mite lungtang chu tuipi bang ahi a chi diing uhi. Tuipi in luita leh luiliante apat a tui niin zousiah ana laluut in ana susiang hi. Tuipi banga lungtang lian leh jainem i chituh va ahihleh, hutdamna lampi ah sual in a suhbuaah hagaute nasan zong i pui thei diing uhi.

A sunglam a jainemna toh kiton a, a polam a kiphalna i neih va ahihleh, mi tampi lungtang i zou diing va, huleh sil thupi tampi i tongdoh thei diing uhi. Tuin, jainemna gah paite nungchangte etsahna bangzahahakhat ka hung pe diing hi.

Khatna ah, a gamtat vah zahumtah leh migitah ahi uh.

A umdan va jaidam a kilang a hizongleh a tahtaha thupuuhna bawl thei loute'n midang a pom thei sih uhi. Khangthu ah, kumpi khenkhatte a jainem va hizongleh kiphalna hoih a nei sih uhi, hujiahin a gam a det sih hi. A khonung in mite'n amah chu mi jainem hilou in chinlou leh thupuuhna bawl thei lou in a koih uhi.

A langkhat ah, kumpi khenkhatte'n zahumna toh kithuah pilna toh kiton nungchang hoih leh jainem a nei uhi. Hutobang kumpi vaihawmna nuai ah, a gam chu a det a huleh mite'n lungmuanna a nei uhi. Huchibangin, jainemna leh kiphalna hoih neite'n thutanna bawlna diing tehna hoihtah a nei uhi. A dih leh a dihlou hoihtaha hekhenthei in a dih a bawl uhi.

Jesu'n Biaahinn a suhsiang a huleh Pharisaite leh lehkhagialte a tai laiin, a haat in a khauh mahmah hi. Ama'n 'sialluang gawpsa sutan ahihlouhleh pat khu sumit' lou diing lungtang jainem A nei hi,' hizongleh a poimoh leh mite chu naahdeuhin a tai hi. Lungtang a zahumna leh dihtatna na neih leh, na aw na sangsah ahiai ahihlouhleh na khauh louh in zong mite'n ahung mungiam thei sih diing hi.

A polam kilatdan chu Lalpa umdan neihna leh sapum natoh bukim toh a kisai mahmah hi. Mihoihte'n a thusoi vah zahumna, thuneihna leh poimohna a nei uhi; thu manlouhte pilvangloutahin a soi sih uhi. Hun zat khat pouhpouh ah puansilh kilawm in a kivan uhi. Maitaina nei in, hizongleh maisuah gum in a um sih uhi.

Etsahna diingin, mikhat in lam hoihtaha kihiat lou leh puan niin silh taleh, a silbawldoh chu a zahum sih hi. Huleh chiamnuih bawl ut mahmah zongleh thu manlouh teng a soi hi. Hitobang mite a diingin midangte apat muanna leh zahumna ngah chu a hahsa maithei hi. Midangte chu ama'n ana pom leh kawi diing a ut sih diing uhi.

Jesu'n a hun teng in chiamnuih bawl taleh, A nungjuite zong Amah toh chiamnuih bawl in a um diing uhi. Hujiahin, Jesu'n sil hahsa khat ana hilh taleh, a nial paingal un ahihlouhleh amau ngaihdan chauh a chi diing uhi. Hizongleh huchiin a bawl ngam sih diing uhi. A zahumna jiahin A kawm a kinial diinga hung kuante'n a kinialpih thei sih uhi. Jesu thusoite leh natohte'n gihna leh zahumna a nei va, hujiahin mite'n Amah a ngainep thei sih uhi.

Himah e, khatveivei a boruak a zaang deuhna diingin a tung a mite'n a nuai a mite kawm ah chiamnuih a bawl thei uhi.

Hizongleh a nuai a mite umdan hoihlou toh kilawmloutaha a ana chiamnuihkhawm va ahihleh, hih umzia chu heetsiamna kichiantah a nei sih uh chihna ahi. Hizongleh lamkaite a dihlouh chiangun, huleh a kituaahlou a ahung umdoh chiangun, midangte apat in muanzohna a tang sih uhi. A diaahin, compani a saap dinmun sangtaha umte'n lungputdan, haamdan, huleh umdan dih a neih diing ahi.

Pawl sung a, a lamkailamte a nuai vate muh a haamkam kilawm leh zahum in a haam maithei uhi, hizongleh khatveivei, mikhat in zahna a val a, a piaah leh, hih a tunga mipa chu haamdan pangai a, zahumtah hi khollou a, a nuai ate'n nuam a sahna diing va, a haam diing ahi. Hitobang dinmun ah, zahumtaha a um beehseeh lou a umna in a nuai ate a tawldamsah diinga, huleh hichibangin a lungtang chu ahung kihong thei diing hi. Hizonglen a sangzaw in a nuai a umte lungmuangtaha koih jiah mai in, a nuai a mite'n a tung a mite a muhngiam va huleh a kinialpih va, ahihlouhleh a thu a man louh diing uh ahi sih hi.

Romte 15:2 in hichiin a chi hi, "Mi chinin i innveengte khantouhna diinga a hoihna diing un i sulungkim diing uhi." Philippite 4:8 in hichiin a chi hi, "Atawppeenin, unaute, thutah photmah, sil jahum photmah, sil dih photmah, sil siangthou photmah, sil hoih photmah, athang kilawm photmah; hoihna bang a uma, paahtawina bang a um leh, hi silte ngaihtuah un." Huchibangin, hoih leh kiphalte'n silbangkim dihtatna toh a bawl diing va, huleh midangte'n nuam a sahna diing ngaihtuahna a nei uhi.

A ban ah, jainemte'n lungtang lian nei in hehpihna leh khongaihna natohte a langsah uhi.

Sum leh pai a hahsate a panpih chauh lou in hizongleh

hagaulam a gim leh bathe hamaun leh khotuahna langsah in a panpih uhi. Hizongleh amau a jainemna nei zongleh uh, a lungtang huh jainemna um ahih chauh leh, Khrist gimtuina piaahdoh chu a hahsa mahmah hi. Etsahna diingin, gingtu khat a ginna jiaha gimthuaahna thuaah a um hi. A langkhat ah, lamkai khenkhat amahnu chu a hasot un leh a hamuan va huleh a dinmun dungjuiin amah chu natoh leh silbawl ah a kithuahpih uhi. Amahnu'n a ginna toh a palkaizohna diingin amahnu a suhaat uhi.

Hujiahin, lungtang ngaihkhawhpihna neih leh a tahtaha natoh a suhlat chu a buaina neitu a diingin a kibang het sih hi. Jainemna chu a polam a kiphalna natoh banga latsah ahih chingin, midangte kawm ah khotuahna leh hinna a pedoh thei hi. Hujiahin, Bible in, 'jainemte'n lei gou a luah diing uh' (Matthai 5:5) a chih chiangin, hikhu in kiphalna hoih gah langsah ginumna kizopna naitah a nei hi. Leitung gou luah chu vaangam lawmman toh kizopna nei ahi. A taangpi in, vaangam lawmman muh kichi in ginumna toh kizopna a nei hi. Kipaahpihna silpiaah, zahna silpiaah, ahihlouhleh kouhtuam apat tanchinhoih tangkoupihna mana na muh chiangin, hichu ginumna ahi.

Huchibangin, jainemte'n gualzawlna a mu diing va, hizongleh hichu lungtang jainem apat a hung kipan ahi. Lungtang jainem khu natoh hoih leh kiphal toh latsah ahih chiangin, ginumna gah a suang diing hi. Huchiin a lawmman chu a gah bangin a tang diing uhi. Chihchu taangphaltaha hagau tampi na pom a na kawi a, na hamuan a huleh na hasot a huleh hinna na piaah chiangin, huh natohte tungtawn in Vaangam ah leitung na luah diing hi.

Jainemna gah suang diingin

Tuin, jainemna gah bangchiin i suang thei diviai? A dihtaha soi in, lei hoih a i lungtang i chituh diing uh ahi.

Huleh ama'n a kawm vah tehkhinthu in thu tampi a soi a, "Ngaiun, chithehtu khat buhchi thehin a kuana; Huleh a theh laiin akhen lamgei ah atu-a, vate ahung va, atom beita hi. Huleh khenkhat suangsilei munte ah atua; lei a sah louh jiahin ahung pou paha; Huleh ni ahung suaahin haigotin ahung uma; jung a neih louh jiahin a gawgawpta hi. Huleh khenkhat ling lahah atua; ling chu ahung khangliana, adeep mangta hi. Hizongleh adang chu lei hoih ah atua, khenkhat aleh ja bangin, khenkhat, aleh sawmguup bangin, khenkhat aleh sawmthum bangin ahung gahta hi" (Matthai 13:3-8).

Matthai bung 13 ah, i lungtang chu lei chi li in a kikhen hi. Lampi gei, suangphom lei, linglah lei, huleh lei hoih chihte in a kikhen thei hi.

Lungtang lei chu lampi gei toh kibang khu a mahni-kidihsahna leh mahni-masialna lungtang apat a keehzaahna a ngai hi.

Lampi gei chu mite'n a tuanchil va huleh a khauh hi, hujiahin hutah ah haichitang a kitheh thei sih hi. Hih haichitang in zung a ha thei sih a huleh vate'n a ne mang uhi. Hutobang lungtang neite'n lungsim luhlul a nei uhi. Thudih lam ah a lungtang uh a hong thei sih va, hujiahin Pathian a mu thei sih va huleh ginna a nei thei sih uhi.

A heetna uleh a sih tehna chu dettaha kinga in Pathian Thu a pom thei sih uhi. A dih mahmah in a kigingta uhi. A kiletsahna, kiuahsahna, luhlulna, leh dihtlouhna uh a koihden va ahihleh a mahni-kidihtatsahna uleh lungput uh a suhsiat a hahsa hi. Hutobang giitlouhna in mipa chu tahsalam ngaihtuahna Pathian Thu a gintaatna apat a daaltu a neisah hi.

Etsahna diingin, a lungsim va thudihlou ana khawlkhawmte'n midangte'n thudih soi mahleh uh a ginlelhna uh a beisah thei sih hi. Romte 8:7 in hichiin a chi hi, "Sa lam lunggulh chu Pathian toh kidouna ahih jiahin; huchu Pathian daan nuaiah a um sih a, um zong a um theilou him ahi." A kigial bangin, Pathian Thu ah 'Amen' a chi un ahihlouhleh a mang thei sih uhi.

Mi khenkhatte chu a tuung in a luhlul mahmah va, hizongleh khatvei khotuahna a muh va huleh a ngaihtuahna uh a kihen kalsiah, a ginna uh chu ahung khauh semsem hi. Hitobang dinmun chu a lungsim polam uh khauh zongleh a lungtang sung uh nem leh jainemna dinmun ahi. Hizongleh lampi gei tobang mite chu hih mite toh a kibang sih hi. Amau a ahihleh a lungtang sung uh a khauhna dinmun ahi. A lungtang uh a polam a khauh hizongleh a sunglam nemte chu vuuh pansilsel a lampi gei a umtoh a kibang a huleh lampi gei a te chu tuikul a tui vot sengseng a, a tolam khal toh a kibang hi.

Lampi-gei tobang lungtang hun sawtpi thudihloute leh gilou toh suhkhauh a um ahita a, hun tomchakhat sung a suhnem theih diing ahi sih hi. Haichi chiin theihna ahihna diingin mikhat in a suhkeeh zing a ngai diing hi. Pathian Thu chu amau ngaihdan toh a kibat louh chiangin, a ngaihdan uh a dih ei chih a kingaihtuah zing diing uh ahi. Huleh, hoihna natohte a khawlkhawm zing diing uh ahi huchia Pathian in khotuahna a piaah theihna diingin.

Khatveivei, mi khenkhat in amaute a haamteipih a huchia ginna a neihna diing un ahung ngen uhi. Himah e, Pathian silbawltheihna a muh va huleh tampi vei Pathian Thu a zaah nung va ginna a neih theih louh uh chu a hehpihhuai mahmah uhi, hizongleh tup louh keei sangin a hoihzaw himhim hi. Lampi-gei tobang lungtang toh kisai in, a inkuanpihte leh kouhtuam lamkaite'n amah uh a diinga a haamteisah va huleh a puihuai diing uh ahi, hizongleh amau mahmah in zong pan a laah uh a poimoh hi. Huchiin, hunk hat ah, Thu chi chu a lungtang vah ahung meengdoh diing hi.

Lungtang suangphomlah tobang in khovel lungsiatna a paihmang diing ahi.

Suangphomlaha a haichitang na tuh leh, a pou diinga hizongleh suangnoute jiahin a khang sih diing hi. Huchi mahbangin, suangphomlah tobang lungtang neite chu sawina, gawtna ahihlouhna heemna a tuaah chiangun a puuh kiitpah uhi.
Pathian khotuahna a tang chiangun, Pathian Thu dungjuia hing nuam mahmah tobang in a um diing uhi. Hagau Siangthou meikuang natohna tanpha a tangkha diing uhi. Hukhu chihna chu, Thu chitang a lungtang vah luut in ahung poudoh hi. Ahinlah, hih khotuahna a tan zoh tan dong un, a Pathianni kiit chiang a biaahinn kai diing a kisah laitahun a ngaihtuah vah sil kisual in ahung um hi. Hagau Siangthou chu a chiamkha ngei va, hizongleh hichu bangahakhat zawng a lungsim nopna hung tung hi diing ahi chih kimuanlahna ahung neipan uhi. Kimuanlelh theihna diing ngaihtuahna a nei va, huleh a lungtang kot uh a khaah kiit uhi.
Midangte a diingin a buaina uh chu a silbawl utzawngte a khawlsan theihlouh uh, ahihlouhleh ana zongsat uh kisuhlimna khawlsan tahtah theihlouhna huleh Lalpa ni a kep siangthou zoh louh uh chihte ahi. A inkuanpihte ahihlouhleh a tohna mun va a

pute un a ginna hinkhua va Hagau-dimna tomkhat a neih lai va a gawt uleh, biaahinn a kai nawn sih uhi. Khotuahna nasatah a tang va huleh hun tomkhat chu ginna a hinkhua kipezoutah hung zang bangin a um va, hizongleh kouhtuam sunga gingtu dangte toh buaina neukhat a neih va ahihleh, nuammoh a sa va huleh biaahinn a kai nawn sih uhi.

Huchiangleh, Thu chitang in bang diinga zung ha lou ahiai? Hikhu chu 'suangnoute' lungtang a kikoihluut jiah ahi. Lungtang tahsa chu a limlahna toh 'suangte' a ensah a, huleh hih thudihloute ahi mikhat Thu manna apat a koihdohtu. Thudihlou sil tampi umte lah ah, hite chu sil khauh mahmah ahi a huchiin Thu hichia soitu, "Khawlni tang in" chi ahung hilh kepbit chu a hahsa mahmah hi. Huleh, a lungtang va duhamna suang nei biaahinn ahung kai sih uhi amaute'n Pathian kawm ah sawmakhat leh sumthohte a pe ut sih uhi. Mi khenkhatte'n a lungtang va huatna suangte a nei uhi, huchiin lungsiatna thu in zung a ha sih hi.

Hoihtaha biaahinn kaite laha, suangphomlah tobang lungtang nei a um uhi. Etsahna diingin, Khristian inkuan apat a hung khanglian in huleh a neu vapat a Thu he ana himahleh uh, Thu dungjuiin a khosa sih uhi. Hagau Siangthou a tang va huleh khatveivei khotuahna zong a mu uhi, hizongleh khovel a ngaihnatna uh a paihmang sih uhi. Thu a ngaihkhiaah laiun, tua a hin bang va a hin louh diing uh ahi, hizongleh innlam ahung kileh chiang un khovel lam ah a kiihkiit jel uhi. Pathian lam ah a keeng langkhat uh nga in huleh khovel lam a, a keeng langkhat uh nga in a hinkhua a zang uhi. Thu a za uh jiahin Pathian a nuse sih va, hizongleh a lungtang va Pathian Thu in zung a haahna diing daaltu suang tampi a nein alai uhi.

Huleh suangphom lei chu a kal lahlah chauh suangphom lah ahi. Etsahna diingin, mi khenkhatte chu a lungsim heng lou in a ginum uhi. Gah zong neukhat a suang uhi. Hizongleh a lungtang vah huatna a nei va, huleh sil chinteng ah midangte toh kituaahlouhna a nei uhi. Mite thutan leh mohpaih in a um va, huchiin khoi mun pouh ah kilemna a susia uhi. Hikhu jiahin, kum tampi nung in, lungsiatna gah ahihlouhleh kingiamkhiahna gah a suang sih uhi. Midangte'n lungtang jainem leh hoih a nei uhi. Amaute'n midangte a ngaikhaw un a hesiam uhi, hizongleh a ginum sih uhi. Sil tamtah ah a thuchiam uh a peel va huleh mohpuaahna a ngaikhawh sih uhi. Hujiahin, amaute'n a lungtang lei uh lei hoih a suaahsahna diingun a haatlouhnate uh a suhhaat diing uh ahi.

Tuin, suangphomlah lei bang i chi kalh diing viai?

Khatna ah, Thu chu chihtahna toh i juih diing uh ahi. Gingtu khat in ginum diinga hung hilh Thu manna diing toh kisai a mohpuaahnate a suhbuchin sawm hi. Hizongleh a ngaihtuah banga nuam ahi sih hi.

Kouhtuam sung minautaang hihna ahihlouhleh dinmun nei lou ahih laiin, midangte'n amah na a tohsah uhi. Hizongleh tuin amah dinmun ah membar nautaang dangte na a tohsah diing ahi. A hahpan mahmah maithei hi, hizongleh amah deihdan a pai ut lou koiahakhat toh ahung sepkhawm chiangun lungsim ah nuamsahlouhna ahung nei hi. A ngaihtuahna dihlou huatna leh lungthahna chu a lungtang apat in ahung pawtdoh jel hi. Hagau a dimna awlawl in ahung mangsah a, huleh a mohpuaahna tanpha tawp ahung sawm hi.

Huchiangleh, hih ngaihtuahna dihloute chu a lungtang lei apat a, a paihmang diing suangnoute ahi. Hih ngaihtuahna dihloute chu suang lianpi 'huatna' kichi apat a hung kuan ahi. Thu 'ginum in,' chi a mang sawm chiangin, tuin 'huatna' kichi suang a maituahta hi. Hikhu a muhdoh tahchiangin, hih suangpi 'huatna' kichi a dou a huleh a bohdoh diing ahi. Huchi chiang chauh in Thu lungsiat in chia hung hilh a mang thei diing a huleh hamuanna a nei diing hi. Huleh, a hahsat jiah chauh a piaahdoh diing ahi sih a, hizongleh a mohpuaahna chu detzosem a, a tudet a huleh lungluuttaha a suhbuchin diing ahi. Hichibangin, natongtu jainem in a kiheng thei diing hi.

Nihna ah, Pathian Thu i juih laiin kuhkaltaha i haamtei diing uh ahi. Loulai a guah a zut chiangin, ahung nou in ahung nem hi. Hikhu chu suangnoute tomdohna diinga hun hoih ahi. Huchibangin, i haamtei chiangun, Hagau toh i dim diinga, huleh i lungtang uh ahung nem diing hi. Haamteina jala Hagau Siangthou a i hung dim chiangun, huh hun lemchang a chan louh diing uh ahi. A suangte kintaha i laahdoh diing uh ahi. Chihchu, a ma i man theih louh silte kintaha i bawl diing uh ahi. Hichibanga i bawl zom zing chiangin, suang lianpi thuuhtaha kiphumte zong i lohkawl thei un i botdoh thei diing uhi. Khotuahna leh haatna Pathian in tunglam apat ahung piaah i tang a huleh Hagau Siangthou buching i tang va, huchiin sualnate leh gilou eimah haatna toh i paihmang theihlouhte uh i paihmang thei uhi.

Linglah lou in khovel ngaihtuahna leh hauhsatna heemna jiahin gah a suang thei sih hi.

Ling umna munte a haichitang i tuh leh, ahung meengdoh in

ahung pou diing hi, hizongleh lingte jiahin gah a suang thei sih diing hi. Huchimahbangin, ling lei tobang lungtang neite'n Thu a gingta va huleh a juih sawm uhi, hizongleh Thu chu a buching in a jui thei sih uhi. Hikhu jiah ahihleh khovel ngaihtuahna, huleh hauhsatna heemna, sum lam a duhamna, minthan utna, huleh thuneih utna a nei uhi. Hikhu jiahin, gimthuaahna leh zeetna ah a khosa uhi.

Hutobang mite'n, biaahinn ah hung kai zongleh uh, tahsalam silte insung na, a sumhawlna uh, ahihlouhleh ziingchiang a na diingte a ngaihtuah zing uhi. Biaahinn a kai lai va lungmuanna leh haatna thah nei diing himahleh uh, lauhthawng leh ngaihtuah a hau deuhdeuh uhi. Huchiangleh, biaahinn a Pathianni tampi zang mahleh uh, Pathianni tang ah kipaahna leh hamuanna tahtah a chiamkha sih uhi. Pathianni chu dihtaha a tang uleh, a hagau uh ahung khangtou diinga huleh hagaulam leh tahsalam gualzawlna a tang diing uhi. Hizongleh, hutobang gualzawlna a tang thei sih uhi. Hujiahin, a lingte a laahdoh va huleh Pathian Thu chu dihtahin a jui diing va huchiin lungtang hoih lei a nei thei uhi.

Tuin, bangchiin linglah lou i kai thei diai?

Ling chu a zung apat bohdoh a ngai hi. Ling in tahsalam ngaihtuahna a ensah hi. A zung in gilou leh lungtang a tahsalam silte a ensah hi. Chihchu, lungtang a gilou leh tahsalam hihnate chu tahsalam ngaihtuahna kipatna ahi. Huchi mahbangin, tahsalam ngaihtuahna nei lou diinga i lungsim bawl zou himah lei, i lungtang a gilou i neih sungsiah i beisah thei sih hi. Lungtang tahsa chu a zung apat i bohdoh diing uh ahi.

Zung tampite lah ah, duhamna leh kiuahsahna zungte i

kaihdoh va ahihleh, i lungtang vapat in tahsa chu bangtanahakhat i paihdoh thei uhi. Tahsalam silte a duhamna i hung neih jiahun khovel in ahung kaan in huleh khovel silte i buaipih uhi. Huchiangleh mahni lawhna diing bang a um ei chih ngaihtuah in huleh i lampi chiat uh i jui uhi, Pathian Thu dunjuia hing kichi zonglei. Huleh, kiuahsahna i neih va ahihleh i thuman veh thei sih uhi. Silkhat bawl thei a i kikoih jiahun tahsalam pilna leh i tahsalam ngaihtuah i zang uhi. Hujiahin, duhamna leh kiuahsahna kichi a zungte i bohdoh masat uh a ngai hi.

Lei hoih chituh in

Lei hoih a haichitang i tuh chiangin, a leh 30, 60, ahihlouhleh 100 tan a tam a gah diingin ahung pou in ahung khang hi. Hutobang lungtang-lei neite'n mahni-kidihtatsahna leh lungputdan lampi gei tobang lungtang neite bangin a nei sih uhi. Suangsi ahihlouhleh ling bangmah a nei sih va, huleh huchiin Pathian Thu chu 'Hi' huleh 'Amen' chauh toh a mang thei uhi. Hichibangin, gah tampi a suang thei uhi.

Himah e, mihingte lungtang a lampi gei, suangphomlah, linglah, huleh lei hoih te kibatlouhna chu buuhna khat toh teh bangin a khen a hahsa hi. Lampi gei lungtang in suang lei a tuunkha maithei hi. Lei hoih nasan in suang tobang thudihlou khenkhat chu ahung khanna ah a kailuutkha thei hi. Himahleh bangtobang lei hizongleh, hoihtaha i kaih leh lei hoih i suaahsah thei uhi. Huchi mahbangin, a poimoh chu bangtobang lungtang lei i nei viai chih sangin lou kaihna ah bangchituh a ginum i hiviai chih ahi.

Leigawgam nasan zong loubawlmi in kuhkaltaha a kaih leh lei hoih lou bangin haichi a chiin theih hi. Huchi mahbangin, mihingte lungtang-lei chu Pathian in a heng thei hi. Lampi gei banga lungtang taah nasan zong Hagau Siangthou panpihna toh a kaih theih hi.

Himah e, Hagau Siangthou tang jiahin i lungtang uh a kiheng ngal diing chihna ahi sih hi. I panlaahna diing zong a um hi. Kuhkaltaha haamtei, silbangkim thudih chauh a i ngaihtuah va, huleh thudih i juih sawm diing uh ahi. Kal bangzahahakhat ahihlouhleh ha bangzahahakhat i pan nung va i tawp sawm diing uh ahi sih a, himahleh pan i laahtouh zing diing uh ahi.

Pathian in A khotuahna leh silbawltheihna leh Hagau Siangthou kithuahpihna ahung piaah ma in i panlaahna A en masa hi. Pathian khotuahna leh silbawltheihna leh Hagau Siangthou kithuahpihna jala bang ahiai hen ngai chih lungsim a koih a huleh hih silte i hen tahtah va ahihleh, kumkhat zoh chiangin i hung chituam ngeingei diing uhi. Thudih juiin thu hoihte i soi diing va, huleh i ngaihtuahna chu thudih a ngaihtuahna hoih in ahung kiheng diing hi.

I lungtang lei uh lei hoih a i kaihna chiangchiang va, Hagau Siangthou gah dangte zong eimah ah ahung kipai diing hi. A diaahin, jainemna chu i lungtang-lei uh chituahna toh a kinaih mahmah hi. Thudihloute lungthahna, huatna, enna, duhamna, kihauna, kiletsahna, huleh mahni kidihsahna chiha i bohdoh va ahihleh, jainemna i nei thei sih uhi. Huchi ahihchiangleh, hagau dangte'n eimah ah tawldamna a mu thei sih uhi.

Hikhu jiahin jainemna chu Hagau Siangthou gah dangte sangin siangthouna toh a kizop hoihzaw hi. Hagaulam jainemna i chituh va ahihleh ei hoih a gah suang bangin haamteina a i nget photmah kintahin i mu thei uhi. Hagau Siangthou aw chiangtahin i za thei diing va, huchiin sil zousiah ah khangtouhna diingin mapui in i um thei diing uhi.

Jainemte a diinga gualzawlnate

Natongtu a za a sim umna compani khat etkol a baihlam sih hi. Kiteelna tungtawn a pawl khat lamkai na hung hih leh, pawl pumpi makaih a baih sih hi. Mi tampi gawmkhawm theih a pui theih kichi a baih sih a, mikhat in hagaulam jainemna tungtawn a mite lungtang a ngah diing ahi.

Himah e, mite'n hih khovel a silbawltheihna nei ahihlouhleh mihausa leh panpih ngaite panpih hileh kilawmte a jui maithei uhi. Koreate thusoi khat in hichiin a chi hi, "Minister khat ui a sih leh a gaal diing tampi a um hi, hizongleh ministerpa ngei ahung sih chiangin, a gaal koimah a um sih hi." Hih thusoi bangin, mikhat in a silbawltheihna leh hauhsatna a mangsah chiangin kiphalna chitna a neih tahtah leh neih tahtah louh i mudoh thei uhi. Mikhat hausa leh silbawltheitah ahih chiangin, mite'n amah jui in a kilang hi, hizongleh mikhat in a silbawltheihna leh hauhsatna zousiah mangsah zongleh a tawptan a umden diing koi hizongleh muh a hahsa hi.

Hizongleh hoihna leh kiphalna nei mi chu a silbawltheihna leh hauhsatna mangsah zongleh mi tampi in a jui thouthou uhi. Sumlam a lawhna diing jiah a, a juih uh ahi sih a, hizongleh amah a tawldamna muhna diingin ahizaw hi.

Kouhtuam sung nasan ah zong, lamkai khenkhatte'n a hahsa a chi uhi ajiahchu amaute'n pawl membar tawmchakhat zong a pom un a kawi thei sih uhi. A pawl sung va halhthahna a deih uleh lungtang jainem pat banga nem a chituh masat diing uh ahi. Huchiangle, membarte'n muanna leh kipaahna tang in, a lamkaite vah tawldamna a mu diing va, huchiin halhthahna in ahung jui mai diing hi. Pastorte leh thunatongtute chu a jainem mahmah va huleh hagau tampi a pom theih uh a ngai hi.

Jainemte kawm a kipiaah gualzawlna a um hi. Matthai 5:5 in hichiin a chi hi, "Jainemte a hampha uh, ajiahchu amaute'n leitung a luah diing uhi." A tung a kisoisa bangin, leitung luah diing kichi in hih khovel a gam neih diing chihna ahi sih hi. Hih umzia chu i lungtang va hagaulam jainemna i chituhna chiangchiang va Vaangam ah gam i nei diing uhi. Vaangam ah inn lian huntawh i tang diing va huchiin eimah a tawldamna mu hagau chih i chial thei diing uhi.

Hutobang a Vaangam a tenna mun lian tangkhaah kichi chu zahumtah dinmun ah i um diing uh chihna zong ahi. Leitung a hutobang gam lianpi nei zonglei, Vaangam ah i keng thei sih uhi. Hizongleh lungtang jainem chituhna jala Vaangam i tan uh gam chu kumtuang a mang lou diing gou ahi. Lalpa leh i ngaihte toh i mun vah kumtuang kipaahna i tang diing uhi.

Hujiahin jainemna gah kilawmtah suangna diinga na lungtang kuhkaltaha na kaih a, huchia Mosi a bang vaan lalgam a na gou diinga gam lianpi na luah theih ka kinem hi.

1 Korinthete 9:25

"Huleh koipouh kidemna-a joh tum mi chu sil zousiah ah akideeh veu uhi. Amahun vaang lallukhuh sethei muhna diingin abawl uh ahi a; eite'n chu lallukhuh setheilou diingin ahi."

Bung 10

Kisuumtheihna

Kisuumtheihna chu lam chinteng ah a poimoh hi
Kisuumtheihna, Pathian tate kingahna bulpi
Kisuumtheihna in Hagau Siangthou gahte a subuching
Kisuumtheihna gah a kipai chih chetnate
Kisuumtheihna gah na suang utleh

Kisuumtheihna

Marathon kichi chu Km 42.195 (26 meel and 385 laam) a sau kitaidemna ahi. A taitute a zohna chiang a tunna diing va a kalsuan uh hoihtaha a suan diing uh ahi. Hikhu chu sau lou kitaidemna kintaha zoh ahi sih a, hujiahin bangmah ngaihtuah lou a, a haat theipen a, a tai diing uh ahi sih hi. A pumpi a kalsuan kituuptah a suan va, huleh mun poimohtah khat a tun chiangun, a tha neih tengteng uh a suahdoh diing uh ahi.

Hih daan toh kibang i hinkhua vah a kizang hi. I ginna kitaidemna vah a tawp tandong a i ginum va huleh gualzohna tanna diinga eimah leh eimah i kidouna uh i zoh diing uh ahi. Huban ah, vaan lalgam a loupina lallukhuh tang utte'n sil zousiah a kisuumtheihna a neih uh a ngai hi.

Kisuumtheihna chu lam chinteng ah a poimoh hi

Hih khovel ah mahni kisuumtheihna nei loute'n a hinkhua a buaisah va huleh amau leh amau hahsatna a kitut uh chih i mu thei hi. Etsahna diingin, nulepate'n a tapa uh, a tapa neihsun uh ahihjiaha a lungsiat beehseeh uleh, a tapa uh duatsual a baihlam mahmah diing hi. Huleh, a inkuante a etkol leh a kep uh ngaih chih he zongleh uh, lehkhakap kap ahihlouhleh nopchenna a zongsangte'n a inkote uh a suchavai uhi ajiahchu amau leh amau a kisuumthei sih uhi. Hichiin a chi uhi, "Hikhu a tawpna diing ahi. Ka bawl nawn sih diing," hizongleh huh 'a tawpna' a tung jel a tung jel hi.

Chinate tangthu minthang Romance of Three Kingdoms (Lalgam Thumte Zawlthu) kichi ah, Zhang Fei chu deihna leh hangsanna a dim a hizongleh amah a lungtom in huleh a suahngal hi. Liu Bei leh Guan Yu, amah toh sanggam khat banga um diinga kichiamte'n, ama'n hun khat pouhpouh a sil khat a bawl khelhkha diing a lauhpih gige uhi. Zhang Fei in thuhilhna tampi a dong a, hizongleh a nungchang a heng thei sih hi. A tawp in, a lungtom jiahin buaina a tuaah hi. A lamet bang tung zoulou a nuai a semte a jep in a vaulau a, huleh mi nih dihloutaha gawt a um a kihete'n a tung ah lungkimlouhna a nei va, a that va, huleh a meelmate kulh sung ah a va kipedoh uhi.

Huchibangin, a lungthahna uh kisuum thei loute'n inn leh natohna mun ah mi tampi lungsim a suna uhi. Amaute leh midangte kal ah kimeelmatna siam a baihlam a, huleh huchiin khantouhna hinkha a zat uh a gintaathuai sih hi. Hizongleh a pilte chu amau leh amau a kingoh diing va huleh lungthah theihna diing dinmun ah zong midangte a thuaah hamham uhi. Midangte'n sil bawlsual liantah nei zongleh uh, a kideeh zou va huleh hamuanna awsuah toh midangte lungtang a nemsah uhi. Hutobang gamtatna mi tampite lungtang zohna diing pilhuaitaha gamtatna ahi a huleh hikhu a hinkhua uh a khangtousah hi.

Kisuumtheihna, Pathian tate kingahna bulpi

A pipen in, eite, Pathian tate'n sualnate paihmangna diingin kisuumtheihna i poimoh uhi. Kisuumtheihna i neih tawm leh, sualnate paihmang hahsa i sa sem uhi. Pathian Thu i ngaih va huleh Pathian khotuahna i tan chiangun, eimah leh eimah kihenna diingin i lungsim uh i siam uhi, hizongleh khovel in ahung heem kiit nalai thei hi.

Hikhu i muuhte vapat a thumal hung pawt apat in a muhtheih hi. Mi tamtahte chu a muuhte uh suhsiangthouna diing leh suhbuchinna diingin a haamtei uhi. Hizongleh a hinkhua vah, a haamteipih uh a manghilh va, huleh a utdandan un a haam va, a nunlui uh a jui uhi. Sil khat a ngaihtuahna uh ahihlouhleh a gintaatna uh toh kikalh heetsiam hahsa a sah uh a muh chiangun, khenkhatte a phun un huleh a soisel uhi.

A phunchia zoh chiangun a kisiih maithei uhi, hizongleh a lung uh a sou chiangin in a kideeh thei sih uhi. Huleh, mi khenkhatte a haam ut mahmah va a haam pat uleh tawp hun a he sih uhi. Thudih leh thuzuau kikal heetkhen theihna a nei sih va, huleh soi diing leh soi louh diing zong a hekhen sih va, hujiahin bawlkhelh tampi a nei uhi.

Kisuumtheihna bangchituha poimoh ahiai chih hih i thusoite kideehna toh kisai i muhna vapat a he thei uhi.

Kisuumtheihna in Hagau Siangthou gahte a subuching

Hizongleh kisuumtheihna gah chu, Hagau Siangthou gahte laha khat ahihna ah, sual bawlna apat a mahni kideehzohna mai ahi sih hi. Kisuumtheihna Hagau Siangthou gahte laha khat ahihna ah Hagau Siangthou gah dangte a thunun a huchiin hute ahung buching uhi. Hikhu jiahin, Hagau gah masapen chu lungsiatna ahi a huleh a nunungpen chu kisuumtheihna ahi. Kisuumtheihna chu gah dangte sangin a heet hahsazaw a, hizongleh a poimoh mahmah hi. Hikhu in silbangkim a thunun a huchiin detna, kiguangtuupna, huleh tahsatna a um thei hi.

Hagau gah dangte laha a nunungpen ah a kisoi a ajiahchu gah dangte zousiah kisuumtheihna tungtawn in gah dangte ahung buching thei hi.

Etsahna diingin, kipaahna gah i neih vangun, khoimun pouh ah bangchihlaipouh in i kipaahna i langsah thei sih hi. Sigaalna midangte a kah chiangun, na nuih velvul a ahihleh, amaute'n bang ang chi soi diing viai? Kipaahna gah na neih jiahin mi na khotuah ahung chi sih diing uhi. Hutdamna a umna kipaahna chu lian mahmah zongleh, a hun leh mun jil a i kideeh diing uh ahi. Hichibangin Hagau Siangthou gah dihta i suang thei uhi.

Pathian a i ginum chiangun zong kisuumtheihna a poimoh hi. A diaahin, mohpuaahna tampi i neih leh, nah un chu hoihtaha na zeeh diing ahi huchia a huntaha na poimohna pen mun na um theihna diingin. Na kikhopna uh nuam mahmah zongleh, a zoh hun a tun chianga na zoh diing ahi. Huchi mahbangin, Pathian inn zousiah a ginumna diingin, kisuumtheihna gah i poimoh hi.

Hagau Siangthou gah dangte lungsiatna, hehpihna, hoihna, a dangdangte, zousiah a diingin zong a dih hi. Lungtang gah kipaite natoh a ahung kilatdoh chiangin, a kituaahpen ahung hihtheihna diingin Hagau Siangthou puina leh aw i juih diing uh ahi. Na bawl masat diing a masa a i koih va huleh a nunung diing i koih nunung diing uh ahi. Malam nawt diing leh nungtawn diing chih i he thei diing uhi. Kisuumtheihna gah tungtawn in hibang a heetsiamna i nei thei uhi.

Mikhat in Hagau Siangthou gahte a bawn a, a suang theihleh, ama'n Hagau Siangthou deihna chu sil chinteng ah a jui chihna ahi. Hagau Siangthou deihnate i juih theihna diing leh a bukim a i gamtat theihna diingin, kisuumtheihna gah i neih diing uh ahi.

Hujiahin Hagau Siangthou gahte zousiah chu kisuumtheihna, gah nunungpen tungtawn in a bukim hi i chi uhi.

Kisuumtheihna gah a kipai chih chetnate

Hagau Siangthou gah dang lungtang a kipaite a polam latsah ahih chiang, kisuumtheihna gah chu kileptuaahna leh paidan hilhtu vaihawm munpi bangin a um hi. Lalpa a sil hoih khat i laah chiangin zong, na laah theih tengteng laah chu a hoihpen ahi sih hi. Sil khat a val a soi sangin a ching lou a soi a hoihzaw hi. Hagau lam ah zong, Hagau Siangthou deihnate jui in silbangkim a huntawh a i bawl uh a ngai hi.

Tuin, kisuumtheihna gah bangchi latsah chih a kim in ka hung hilhchian diing hi.

Khatna, sil zousiah ah kileptuaahdan ahihlouhleh a kikhiatdan i juih diing uh ahi.

A kileptuaahna a i dinmun chet heetna jiahin, gamtat hun leh gamtat louh hun huleh thu soi hun leh soi louh i hesiam diing uhi. Huchiangleh, kinialna, kihauna, ahihlouhleh kiheetsiamlouhna bangmah a um sih diing hi. Huleh, sil bangmah a kilawmlou in ahihlouhleh i dinmun gamgi pel in bangmah i bawl sih hi. Etsahna diingin, mission pawl a lamkai in vaihawmtu kawm ah sil khat bawl diingin a sawl hi. Hih vaihawmtupa chu thalawpna in a dim a, huleh ngaihdan hoihzaw nei in a kingai a, huchiin sil khenkhat amah lemgelna toh ana heng huleh huh dungjuiin na ana tong hi. Huchiin, thalawpna sem toh tong zongleh, kisuumtheihna taahsap jiahin silte henglimdang in thupiaah a jui sih hi.

Pathian in kouhtuam sung mission pawlte a dinmun tuamtuam, president, vice president, vaihawmtu, secretary, ahihlouhleh sumkoltu chihte dungjui a thupiaah i juih chiangun sangtahin ahung koih hi. I lamkaite'n ei bawldan toh kibanglou in a tuam deuh in sil bawl maithei uhi. Huchiangleh, i bawldan hoihzaw a kilang in huleh gah tamzaw suang diing hizongleh, thupiaah leh kilemna suhsiat a, a um leh gah hoih i suang thei sih hi. Kilemna suhsiat ahihchiang in Setan ahung kigolh gige hi, huleh Pathian natoh chu dal in a um diing hi. Sil khat chu thudihlou pumlum ahih ngal louhleh, a pawl pumpi i ngaihtuah diing uh ahi, huleh thupiaah dungjuia thu mang a lemna i delh diing uh ahi huchiin silbangkim kilawmtaha sepdoh ahi diing hi.

Nihna, sil hoih khat i bawl chiangin nasan in a sung a thu umte, a hun, huleh a mun i khual thei uhi.

Etsahna diingin, kap a haamtei chu sil hoih khat ahi, hizongleh bangmah hesiam loupi pa mun khat pouh a na kah leh, hikhu in Pathian a sumualphou thei hi. Huleh, tanchinhoih na soi chiangin ahihlouhleh hagaulam a thuhilh diingin membarte na veh leh, na thusoite tung ah heetsiamna na neih diing ahi. Hagaulam silte thuuhtahin he zonglechin, mi zousiah kawm ah na phuangkhe thei sih hi. A ngaikhetu ginna buuhna toh kituaahlou chianga sil khat na soil eh, hukhu in huh mipa a puuhsa ahiai ahihlouhleh thutankhum in huleh a mohpaih thei hi.

Dinmun khenkhat ah, mikhat in midang a natoh va a buai a buaite kawm ah a testimoni ahihlouhleh a hagaulam a, a sil heetsiamte a soi maithei hi. A sung a thu umte hoih mahmah zongleh, dinmun kituaahtah ah soidoh ahihlouhleh hikhu midang a diinga phattuamna a nei sih diing hi. Midangte'n a amah nopsah louh diing khualna in ana ngai mahleh, a natoh va a buai beehseeh jiahun a lungsim uh a pe thei sih va a um meimei thei sih uhi. Etsahna dang khat ka hung pe diing. Kouhtuam pumpi ahihlouhleh mi pawl khat in kihouna nei diingin ahung kimuhpih va, huleh mikhat in amah testimonite hung soisoi taleh, huleh kimuhtuahna in bang a chi diai? Huh mipa'n chu Pathian paahtawina a piaah hi ajiahchu khotuahna leh Hagau in a dim hi. Hizongleh a tawpna ah, hih mipa chu a pawl pumpi a diinga kisep hun zousiah ama'n a zang bei hi. Hikhu kisuumtheihna taahsap jiah ahi. Sil hoih mahmah khat bawl hizongleh chin, dinmun chinteng na etkual masat a hulch kisuumtheihna na neih diing ahi.

Thumna, thuaahtheihna neilou ahihlouhleh kinoh in himahleh daidide in i umva huchiin mun chih ah heetsiamna toh i gamtang thei uhi.

Kisuumtheihna neiloute chu thuaah thei lou leh midangte khualna a tasam uhi. Ahung kinoh chiangun, heetsiam theihna a nei tawm va, huleh sil poimoh mahmah khenkhatte bawlkha lou in a um uhi. Midangte a diing nuamsahlouhna tut thutanna leh mohpoihna kintahin a bawlpahpah uhi. Midang khat a haam chiangin ngaah zou lou in i va suhbuai louh diing ahi. Midangte thusoi a ngaih chiang va ahihlouhleh a dawn chiang va thuaahzohna nei loute'n, bawlkhelh tampi a nei uhi. Mikhat a haam chianga thuaahtheihna nei lou a i va suhbuai louh diing ahi. A tawptan a pilvangtaha i ngaih diing ahi huchi hileh kinohtah thutawp soina chihte i pel thei diing uhi. Huban ah, hichibangin huh mipa lunggel i hesiam thei diing va huleh huh dungjuiin i dawnbut thei diing hi.

Hagau Siangthou a tan ma in, Peter chu thuaahtheihna nei lou leh thu soi pahpah mi ahi. Jesu mai ah a theitawp suah in a kideeh sawm hi, hizongleh huchi pum in zong, khat veivei a nungchang ahung kilangdoh jel hi. Jesu'n Peter kawm ah kilhbehna a tun ma in a kiheetmohbawl diing chia A soi chiangin, Peter in Jesu thusoi a nialpah a, Lalpa a kiheetmohbawl ngei het sih diing a chi hi.

Peter in kisuumtheihna gah ana nei hileh, Jesu thusoi a nial sih diinga, hizongleh a dawnna diing dih muhdoh a sawm diing hi. Jesu chu Pathian Tapa ahi chih ana he in, huleh umzebei keei thu khat A soi sih diing chih ana he hileh, a lungsim ah Jesu thusoite ana vom diing hi. Huchibanga bawl in, huh sil a tun louhna diingin ana kigingkhol thei maithei hi. A kilawma gamta diinga hung umsah thei heetsiamna dihtah chu kisuumtheihna apat a hung kuan ahi.

Judate'n amau ah kisahtheihna a nei chiat uhi. Pathian Daan dihtahin a jui uh chiin a kisahtheihpih mahmah uhi. Huleh Jesu'n Pharisaite leh Sadukaite nam leh sahkho lamkaite tai ahihjiahin, Amah chu a ngaina thei sih uhi. A diaahin, Jesu'n Pathian Tapa ahi chia A soi chiangin, Pathian soisiatna in a ngaihtuah uhi. Hu laiin Puanbuuh Kut ahung naita hi. Buhlaah hun vel in,

Pawtdohna heetzingna in puanbuuh a kai va huleh Pathian kawm ah kipaahthu a soi uhi. A taangpi in mite gualnop mang diingin Jerusalem ah a chiahtou uhi.

Hizongleh Jesu chu Jerusalem ah Kut naita zongleh A chiahtou sih hi, huleh A sanggamte'n Jesu chu mite kithuahpihna neihna diinga Jerusalem a chiah a, silmahte va lah a, huleh Amah va phuangkhe diingin a noh uhi (Johan 7:3-5). Hichiin a chi uhi, "A minthan na diing bawl ngaalin koima'n sil bang aha aguuhin abawl ngei sih hi. Hi silte bawl na hihleh khovel kawmah kimusah in," (c. 4). Sil khat chu umze bangin um mahleh, hikhu Pathian deihna dungjui ahihlouhleh Pathian toh kisaina a nei sih hi. Amau ngaihtuahna jiah liauliau in, Jesu chu A hun hun tun diing ngaah a sip dingdeng a um a muh chiangun Jesu sanggamte hikhu dihlou ahi chiin a ngai uhi.

Jesu'n kisuumtheihna ana nei lou hileh, Amah leh Amah kilaahdoh diingin Jerusalem ah a chiah tou diing hi. Hizongleh A sanggamte thusoite jiahin Amah A kilawng sih hi. Pathian silphatuam bawlsah kilat hun diing leh a hun dihtah ngaah in A um hi. Huleh huchiin Jerusalem ah mi koimah heet louh in a sanggamte zousiah Jerusalem a, a chiahtouh veh nung un A chiah hi. Chiah hun leh um hun dihtah he in Pathian deihna bangin A khohei hi.

Kisuumtheihna gah na suang utleh

Midang toh i kihou chiangun, tampi vei a thusoite uleh a lungtang sungnung uh a kibang sih hi. Mi khenkhatte'n amau dihlouhna khuhkhumna diingin midangte dihlouhnate a taahlang uhi. A duhgawlna uh suhbuchinna diingin sil khat a ngei maithei uhi, hizongleh midangte khat kawm a ngen bangin a ngen diing hi. Pathian deihna heetsiam tum a dotna dong hileh kilawm in a um diing uhi, hizongleh a dawnna a deih uh khu muhsawm ahi uhi. Hizongleh amaute toh lungmuang a na kihou va ahihleh, a lungtang uh awl a hung kilangdoh i mu thei uhi.

Kisuumtheihna neite chu midangte thusoi jalin a kilawngpah sih diing uhi. Midangte thusoi daidide in a ngaikhe thei va huleh Hagau Siangthou natohnate tungtawn in thudih a hesiam thei uhi. Kisuumtheihna toh a heetsiam va huleh a dawn va ahihleh, thupuuhna dihlou jiaha bawlkhelh diing tampi a pel thei uhi. Huchi chiang ah, a thusoite va thuneihna leh gihna a nei diing va, huchiin a thusoite un midangte tung ah natohtheihna gihzaw a nei diing hi. Tuin, bangchileh kisuumtheihna gah poimoh i suang thei diai?

Khatna, lungtang kiheng ngei lou i neih diing uh ahi.

Lungtang thudih dihlouhna ahihlouhleh lepchiahna um lou i chituh diing uh ahi. Huchiangleh bawl diinga i guatte uh bawl theihna diing silbawltheihna i nei thei uhi. Himah e, hitobang lungtang chu zaankhat thu in i chituh thei sih hi. Eimah leh eimah, i lungtang va sil neucha bawl hoih a kipan in, i kisahkhol touh jel uh a poimoh hi.

Pu leh a nuai a jil naupangte a um uhi. Nikhat bazaar ah a vaah va huleh bazaar a sumkawlvei khenkhatte'n amau ana hesiam lou in ana kinialpih uhi. A nungjuite hung lungthah in ahung kihauta va, hizongleh a pu uh chu a sip dingdeng hi. Bazaar apat ahung kileh un, a singkuang apat in lehkhathon lomkhat ahung ladoh hi. Lehkhathonte sung ah a jiah bei a amah kisoisiatna thu a kigial a, hukhu a naupangte a ensah hi.

Huleh hichiin a chi hi, "Mi'n ahung heetsiamlouh diing uh i pumpelh thei sih hi. Hizongleh mite hung heetsiamlouh ka buaipih sih hi. Kei tunga sil niin hung tung masapen ka pel thei sih a, hizongleh a niin nihna hung tung pomna diinga ngolna ka pumpelh thei hi.

Hitah ah, niin masazaw chu midangte hung soisiatna sil khat a pan ahi. Niin nihna ahihleh hutobang kisoisiatna jiaha nuammoh sahna leh kinialna leh kihauna a va luut ahi.

Hih pu a tobang lungtang i neih theih va ahihleh, bangtobang dinmin in zong ahung lawngsah sih diing hi. Hizongleh i lungtang uh i keem thei diing va, huleh i hinkhua uh a lungmuang diing hi. A lungtang kem theite chu silbangkim ah a kideeh thei uhi. Gilou chinteng, huatna, enna, huleh thangsiatna chihte i paihmangna chiangchiang ah, Pathian in A muan leh lungsiatte i hung hi thei uhi.

Ka neulai a ka nulepate'n ahung hilh uh silte'n ka natohna ah ahung panpih mahmah hi. Haamdan, lampaidan, huleh umdan leh gamtatdan kilawm toh kisai hilh a ka um laiin, ka lungtang kepdan leh kei leh kei kisuumdan ka jil hi. Khatvei i lungsim a thukhenna i neih kalsiah, i kep zing va huleh mahni lawhna diing jui a i hen louh diing uh ahi. Hutobang panlaahna i neih touh uh dungjuiin, lungtang kiheng lou nei in kisuumtheihna diing silbawltheihna i nei diing uhi.

A ban ah, eimah ngaihdan khawhngaih masa lou a Hagau

Siangthou deihna ngaikhe kawm in eimah i kisahkhol diing uh ahi.

Pathian Thu i jildohna chiangchiang vah, Hagau Siangthou in Thu i jildoh uh tungtawn in A aw ahung zasah diing hi. Dihloutaha ngoh in um mahlei, Hagau Siangthou in ngaihdam diing leh lungsiat diingin ahung hilh hi. Huchiin, 'Hipa'n a silbawl a bawlna jiah khat a um diing. Lawmbawl in amah toh ngaihtuahkhawm in a heetsiamlouhna ka beisah sawm diing,' chiin i ngaihtuah thei diing uhi. Hizongleh i lungtang un thudihlou a neih tam leh, Setan aw i za masa diing uhi. 'Hichia ka umsah maimai leh, kei ahung simmoh tou jel diing hi. A pilna diinga ka hilh a ngai hi.' Hagau Siangthou aw za in um mahlei, i neikha sih diing hi ajiahchu silgilou ngaihtuahna i neih uh toh the in hikhu a haat sih talua hi.

Hujiahin, i lungtang va thudihlou umte i paihmang va huleh i lungtang va Pathian Thu i juih chiangun Hagau Siangthou aw i za thei uhi. Hagau aw nemtah nasan i man chiangun Hagau Siangthou aw i za tam semsem thei diing uhi. A poimoh masa a i ngaihtuah uleh a hoih a i ngaihtuah uh sangin Hagau Siangthou aw i za sawm masa diing uhi. Huchiangleh, A aw i za va huleh A sawlna i muh uh toh kiton in, i man va huleh i bawl ngal diing uh ahi. Hagau Siangthou deihnate hun chinteng a ngaihsah diing leh jui diinga i kisahkhol utoh kiton in, Hagau Siangthou aw nemtah nasan zong i hesiam thei diing uhi. Huchiangleh, sil zousiah ah kilemtuaah veh in i um thei diing uhi.

Ngaihdan khat ah, kisuumtheihna chu Hagau Siangthou gah kuaahte laha dinmun poimohloupen bangin a kilang maithei hi.

Ahihvangin, gah tuamtuamte lah chinteng a, a tel a poimoh hi. Kisuumtheihna chu Hagau Siangthou gah dang giatte: lungsiatna, kipaahna, hamuanna, thuaahtheihna, jainemna, hoihna, ginumna, huleh thunuaigolhna chihte thununtu ahi. Huban ah, gah dang giatte zousiah chu kisuumtheihna gah chauh toh suhbuching ahi diing hi, huleh hikhu jiahin gah nunungpen kisuumtheihna chu a poimoh hi.

Hih Hagau Siangthou gahte chu hih khovel a suangmantam manphatah khat pouhpouh sangin a kilawmzaw in huleh a kilawmzaw uhi. Hagau Siangthou gahte i suang va ahihleh haamteina a i ngei photmah bangkim i nei thei va huleh sil zousiah ah i khangtou diing uhi. Hih khovel ah Vaah silbawltheihna leh thuneihna taahlangin Pathian loupina i langsah thei uhi. Hih khovel a gou dang teng sanga Hagau Siangthou gahte na lunggulh a huleh na hung neih diing ka kinepna ahi.

Galatiate 5:22-23

"Hagau gah ahihleh, lungsiatna, kipaahna, hamuanna, thuaahtheihna, jaineemna, hoihna, ginumna, thunuaigolhna, kisuumtheihna, ahi; hutobang silte kalh daan a um sih hi."

Bung 11

Hutobang silte kalh daan a um sih

Ajiahchu zalen diinga kouh na hi uhi
Hagau a pai
Gah kuaahte laha masapen chu lungsiatna ahi
Hutobang silte kalh daan a um sih

Hutobang silte kalh daan a um sih

Sawltaah Paul chu Judate Juda ahi a, huleh Khristiante man diingin Damaska ah a chiah hi. A lampi ah, bangteng hielh, Lalpa toh a kituaah va huleh a kisiih hi. Ama'n hu laiin Jesu Khrist a ginna tungtawn a mikhat hutdam a um ahi chih thudih a he sih a, hizongleh Hagau Siangthou silpiaah a tan nung in Hagau Siangthou puina tungtawn in Gentelte laha tanchinhoih soina a makaih hi.

Hagau Siangthou gah kuaahte chu Galatiate bu bung 5 na, a lehkhathonte laha khat, ah a kigial hi. Hu laia a dinmun uh i heetsiam va ahihleh, Paul in bangjiaha Galatiate gelh ahiai huleh hikhu Hagau gah suangna diinga bangchituha poimoh ahiai chih i hesiam thei uhi.

Ajiahchu zalen diing kouh na hi uhi

A missionari khualzinna masapen ah Paul chu Galatia ah a chiah hi. Kikhopna inn ah, Mosi Daan leh teeptan thu a soi sih a, hizongleh Jesu Khrist tanchinhoih chauh a soi hi. A thusoite chu a nuai a chiamchihnate'n a namdet a, huleh mi tampite'n hutdamna ahung tang uhi. Galatia kouhtuam a gingtute'n amah a lungsiat mahmah va, hi thei hileh, a mittang uh kheikhia in Paul a pe diing uhi.

Paul in a missionari khualzinna masa a zoh a huleh Antiok a, a kileh nung in, biaahinn ah buaina khat ahung piang hi. Judea apat mi khenkhatte ahung va huleh Gentelte'n hutdamna a muhna diing va teep a tan uh a ngai hi ahung chi uhi. Paul leh Barnaba in a thuaah thei sih mahmah va huleh a kinialpih uhi.

Hutaha unaute'n Paul leh Barnaba leh a dang khenkhatte hih thubuai toh kisai a Jerusalem a sawltaahte leh upate kawm a, a va hoh uh a ngeeh uhi. Antiok leh Galatia kouhtuam a Gentelte kawm a tanchinhoih a soi laiun Mosi Daan toh kisai soichetna khat a um a ngai in a he uhi.

Silbawlte bung 15 in Jerusalem Khawmpi masang leh nunga sil umdan a taahlang a, huleh hikhu apat in hu laia a dinmun bangchituha khawh ahiai chih a suangtuah theih hi. Sawltaahte, Jesu nungjuite, huleh upate leh kouhtuam palaite a kikhawm va huleh kihoulimna khawhtah a nei va, huleh Gentelte chu milim in a suhnit silte leh kingaihna apat leh a ngawng kiheeh leh sisan apat a kikemsiangthou diing ahi uh chih a thuzohna uh ahi.

Khawmpi thukimna toh kisai kigelhna lehkhathon pe diingin Antiok a mi a sawl uhi, ajiahchu Antiok chu Gentelte a diinga tanchinhoih thehdalhna munpi ahi. Mosi Daan juihna ah Gentelte kawm ah zalenna bangtanahakhat piaahin a um hi ajiahchu amaute a diingin Judate banga Daan juih chu a hahsa mahmah diing hi. Hichibangin, Gentel koipouh in Jesu Khrist gingtaatna tungtawn in hutdamna a mu thei uhi.

Silbawlte 15:28-29 in hichiin a chi hi, "Ajiahchu, Hagau Siangthou leh keiun, hi thu poimohte chihlouh puaahgih dang bangmah na tung va ngah louh hoih ka sa uhi. Milim biahna saneeh bang, sa heehlup neeh bang leh kingaih bang tawp leh uchin ka chi uhi; hi haw na tawp u'leh nang uh diingin ahoih diing hi. Damtah in um un, chi in."

Jerusalem Khawmpi thupuuhna chu kouhtuamte kawm ah hawmkhiaah in a um a, hizongleh tanchinhoih thudih leh kross lampi hesiamte'n gingtute'n Mosi Daan a juih diing uh ahi chiin kouhtuamte ana hilh tou jel uhi. Sawltaah dihlou khenkhatte chu biaahinn ah a luut va huleh sawltaah Paul Daan thu hilh loupa soisia in gingtute a tohthou uhi.

Galatia kouhtuamte kawm a hubang sil a tun chiangin, Paul in a lehkhathon ah Khristiante zalenna dihtah toh kisai a hilhchian hi. Mosi Daan chu khauhtahin ana jui a hizongleh Lalpa toh a kimuh nung un Gentelte a diinga sawltaah ahung hi chi in, tanchinhoih thudih a hilh a hichiin a chi hi, "Na lah va kipan hi chauh ka he nuam hi, Daan silte bawl jiahin ahiai Hagau chu na muh uh, ahihlouhleh na ngaihkhiaahva na gintaat jiah un? Hichi lawm in na ngol uh ahimaw? Hagau a pan joutain, tahsa-a subukim diing na hi uh maw? Sil hujahpi athawna thuaah na hi viai mah? athawn bang hitaleh. Hujiahin na kawmva Hagau hung petu leh, na lahva silmah bawltuin daan silte bawl jiahin ahiai abawl, ahihlouhleh na ngaihkhiaahva na gintaat jiah un?" (Galatiate 3:2-5)

Jesu Khrist tanchinhoih ama'n a hilh chu a dih ahi ajiahchu hikhu Pathian apat kilaahna ahi a, huleh Gentelte'n a sapum uh a teeptan louh jiah uh ahihleh a lungtang uh teeptan a poimohzaw ahi chih a hilhchian hi. Ama'n tahsalam deihna leh Hagau Siangthou deihna, huleh tahsalam natohte leh Hagau Siangthou gahte toh kisai a hilhchian hi. Hikhu chu tanchinhoih thudih jala a muh uh a zalenna uh bangchibanga zang diing ahi viai chih heetsiamsahna diing ahi.

Hagau a pai

Huchi ahihleh, Pathian in Mosi A piaahna jiah bang ahiai? Hikhu jiah ahihleh mite a gilou va huleh sualnate sual bangin a he sih uhi. Pathian in sualnate toh kisah A hesiamsah a, huleh sual buainate a suveng in A umsah a huleh Pathian dihtatna A musah hi. Hizongleh sual buainate chu Daan juihna tungtawn in a suhveng veh theih sih hi, huleh hikhu jalin, Pathian Jesu Khrist ginna tungtawn in Pathian dihtatna mite A musah hi. Galatiate

3:13-14 in hichiin a gial hi, "Khrist chu ei luanga haamsiata hung um in, daan haamsiatna apat in ahung tandohta hi; ajiahchu hichibanga gelh ahi, Singdawn a khailup photmah chu haamse thuaah ahi uh. Huchiin Abraham tunga vangpiaahna chu Jesu Khrist jaala Jentailte tunga ahung uma, eihawn Hagau chiam chu ginna jala i muh theihna diingun ahi."

Hizongleh hichu Daan suhbei ahita chihna ahi sih hi, Jesu'n Matthai 5:17 ah hichiin a chi hi, "Daan thu aha, zawlneite thu aha sumang diinga hung ahi chiin hung ngaihtuah sih un; asumang diinga hung ka hi sih a, sutaangtung diinga hung ka hizaw hi," huleh a ban a chang 20 na ah hichiin a chi hi, "Ajiahchu ka hung hilh ahi, Na dihtatnaun lehkhagialtute leh Pharisaite dihtatna akhuup louh inchu vaan lagam ah na luut top sih diing uhi."

Sawltaah Paul in Galatia kouhtuam a gingtute kawm ah hichiin a chi hi, "Ka naute aw, nang u'a Khrist siam pichinga a um masiah nausuaah nat thuaahin ka hung thuaah kiit hi" (Galatiate 4:19), huleh a tawpna ah hichia chi in a thuhilh hi, "Ajiahchu, unaute, zalen diinga kou na hi uh a, na zalenna uh tahsa diinga lemtaannain jang sih unla, lungsiatnain khat le khat naa kitohsahzaw un. Ajiahchu, nangmah na kilungsiat bangin na innveengte na lungsiat diing ahi, chih thuteng khat ah daanthu zousiah suhbukim in a um hi. Hizongleh na kikeih va, na kineeh tuah u'leh na kisuhmang louh na diingun pilvang un" (Galatiate 5:13-15).

Hagau Siangthou tang Pathian tangte hihna ah, eimah a Khrist a kisiam masang a lungsiatna tungawn a khat leh khat na bang i chi kitohsahtuah diviai? Hagau Siangthou a i pai va huchia tahsalam lunggulhnate i suhpichin louh diing uh ahi. A mapuina jui in Hagau Siangthou gah kuaahte i suang va ahihleh i innvengte i lungsiat thei un huleh eimah ah Khrist lim i nei thei uhi.

Jesu Khrist chu mohna bei himahleh, Daan haamsiatna thuaah in kross ah A si hi, huleh Amah tungtawn in zalenna i ngah uhi. Sual suaah i hung hih kiit louhna diingin, Hagau gah i suang uh a ngai hi.

Hih zalenna toh sual i bawl kiit va huleh tahsalam natohte tong a Lalpa i kilhbeh kiit va ahihleh, Pathian lalgam i luah sih diing uhi. A lehlam ah, Hagau a pai a Hagau gah i suang va ahihleh, Pathian in ahung veeng diinga huchiin meelmapa dawimangpa leh Setan ahung suna sih diing hi. Huban ah, haamteina a i nget photmah i mu diing uhi

"Deihtahte, i lungtangin siamlouh ahung tansah louh leh Pathian lam ah i haang ahi. Huleh a thupiaahte i juih a, a mitmuha sil kipaahhuaite i bawl jiahin i nget photmah amah a'pat i mu hi. Huleh a thupiaah chu hikhu ahi. Eihaw'n a Tapa Jesu Khrist min i gintaat a, huleh thu ahung piaah banga khat-le-khat i kilungsiat diing uh ahi, chih" (1 Johan 3:21-23).

"Koipouh Pathian a piang chu asual jing sih chih i he hi; hizongleh Pathian a piangpa in amah a kikol a migiloupa'n a khoihkha sih hi" (1 Johan 5:18).

Hagau a paina diing ginna i neih chiangin huleh lungsiatna ginna in na a toh chiangin Hagau gah i suang thei va huleh Khristian hihna dawl ah zalenna dihtah i tang thei uhi.

Gah kuaahte lah masapen chu lungsiatna ahi

Hagau gah kuaahte laha gah masapen chu lungsiatna ahi. 1

Korinthete 13 a lungsiatna chu hagaulam lungsiatna chituhna diing lungsiatna ahi a huchia Hagau Siangthou gahte khat hi lungsiatna chu mun sangzaw a um ahi; hikhu chu phatawp um lou leh tawp nei lou lungsiatna, Daan subukimtu ahi. Hikhu chu Pathian leh Jesu Khrist lungsiatna ahi. Hih lungsiatna i neih va ahihleh, Hagau Siangthou kithuahpihna toh i pumpi in i kipedoh thei uhi.

Hih lungsiatna i chituhna chiangchaing vah kipaahna gah i suang thei va, huchiin hun chinteng ah i nuam un i kipaah thei uhi. Hichibangin, koimah toh kituaahlouhna i nei sih diing va, huchiin hamuanna gah i suang diing uhi.

Pathian toh, eimah toh, huleh koipouh toh kilem a i um chiangin, amah leh amah in thuaahtheihna gah i suang diing uhi. Thuaahtheihna Pathian in A deih chu bangmah lungsim a po kenkon lou a um ahi ajiahchu chu eimah ah hoihna leh thudih bukim i nei hi. Lungsiatna dihtah i neih va ahihleh, bangmah lungnoplouhna nei lou in mi khat pouhpouh i hesiam thei un huleh i pom thei uhi. Hujiahin, i lungtang vah ngaihdam ahihlouhleh thuaahzoh a ngai sih diing hi.

Hoihna a midangte i thuaahzoh chiangin, jainemna gah i suang diing uhi. Hoihna a i heetsiam theih hetlouh mite nasan i thuaahzoh va ahihleh, amaute kawm ah jainemna i nei diing uhi. Daan loutaha sil a bawl va ahihzongleh, a dinna mun uh i hesiam un i pom thei diing uhi.

Jainemna gah suangte'n hoihna zong a nei diing uhi. Amau sangin midangte hoihzaw in a ngai diing va huleh midangte leh amaute lungluutna zong a enkhawm diing uhi. Koimah toh a kinial sih diing va huleh a aw uh a sangsah sih diing uhi. Lalpa sialluang gawpsa sattan lou ahihlouhleh pat khu bang mi sumit loupa lungtang a nei diing uhi. Hutobang hoihna gah na suang leh, na ngaihdan na chi teitei sih diing hi. Pathian inn zousiah ah na ginum in huleh na jainem diing hi.

Jainemte chu koimah a diingin daltu ahi sih diinga, huleh michih toh kilemna a nei diing uhi. Lungtang kiphaltah a nei diing va huchiin midangte thutankhum ahihlouhleh mohpaih lou in hizongleh hesiam in a pom thei diing uhi.

Lungsiatna, kipaahna, hamuanna, thuaahtheihna, jainemna, hoihna, ginumna huleh thunuaigolhna gahte kilemtuaahtaha suangna diingin, kisuumtheihna a ngai hi. Pathian a kiningchinna chu a hoih hi, hizongleh Pathian nate chu thupiaah juia sepdoh diing ahi. Bangmah a val a bawllouhna diingin kisuumtheihna i poimoh hi, hikhu sil hoih himah zongleh. Hichibanga Hagau Siangthou deihna i juih chiangun, Pathian hoihna diingin silbangkim A tongkhawmsah hi.

Hutobang silte kalh daan a um sih

Panpihtu, Hagau Siangthou, in Pathian tate thudih ah A pui a huchiin zalenna leh kipaahna dihtah a tang thei uhi. Zalenna dihtah chu sualnate leh Setan Pathian natohna leh hinkhua nuam zat diing hung dal sawm apat hutdohna ahi. Hikhu Pathian toh kithuahna apat kipaahna ngah zong ahi.

Romte 8:2 a kigial bangin, "Bangjiahin ahiai i chihleh Khrist Jesu-a um hinna Hagau daan in sual leh sihna daan a kipan ahung zalensahta hi," hichu zalenna i lungtang a Jesu Khrist I gintaat a huleh Vaah nuai a i pai chiang chauh a kitang ahi. Hih zalenna chu mihingte haatna toh muh theih ahi sih hi. Pathian khotuahna tellou a muh theih zong ahi sih hi, huleh hikhu chu ginna i kepbit sungsiah i tantouh jel diing gualzawlna ahi.

Jesu'n Johan 8:32 ah zong hichiin ana soi hi, ".... huleh thutah na hung he diing va, huleh thutah in ahung suaahtasah diing hi." Zalenna chu thutah ahi, huleh hikhu a kiheng ngei sih hi. Hikhu ei ah hinna ahung suaah a huleh hikhu in kumtuang hinna ah ahung tut hi. Hih khovel mangthang leh kiheng zing ah thutah a um sih; Pathian Thu kiheng ngei lou chauh thutah ahi. Thutah heetna diing chu Pathian Thu jil a, lungsim a vom a, huleh hinkhua a juih ahi.

Hizongleh thutah juih chu a nuam gige sih hi. Mite'n Pathian ahung heet ma un thutahlou a nei va, huleh huh thutahlou in thutah bawlna diing a dal hi. Tahsalam daan thutah lou juihna diing deih leh hinna Hagau daan thutah juih diing deih chu a kidou zing diing uhi (Galatiate 5:17). Hichu thutah zalenna muhna diinga kidouna ahi. Hikhu chu i ginna uh a det a huleh ginna suangpi a kiliing ngei lou tung a i din masang uh a bei sih diing hi.

As we stand on the rock of faith, it feels much easier to fight the good fight. When we cast away all evil and become sanctified, that is when we will finally be able to enjoy freedom of truth. We will not have to fight the good fight any longer because we will only practice the truth all the time. If we bear the fruits of the Holy Spirit by His guidance, nobody can stop us from having the freedom of truth.

Hujiahin Galatiate 5:18 ah hichiin a kigial hi, "Hagau pui a na umleh, Daan nuai a um na hi sih hi," huleh a ba a chang 22-23 in hichiin a chi hi, "Hagau gah ahihleh, lungsiatna, kipaahna, hamuanna, thuaahtheihna, jaineemna, hoihna, ginumna, thunuaigolhna, kisuumtheihna, ahi; hichibangte kalhin daan a um sih hi."

Hagau Siangthou gah kuaahte tungtaang thu kisoi chu gualzawlna kotkhaah honna chabi tobang ai. Hizongleh a chabi neih jiah mai in gualzawlna kotkhaah a kihong diing ahi sih hi. Tala sunga a chabi koih a huleh hon a ngai hi, huleh huchi mahbangin Pathian Thu zong ahi. Bangzah za zonglei, a bawn in ei a ahi nai sih hi. Pathian Thu i juih chiang chauh in a sung a gualzawlna um i tang thei pan uhi.

Matthai 7:21 ah hichiin a kisoi hi, "Lalpa, Lalpa, hung chi nazong vaan gam ah a luut sih diing uh; Hizongleh ka Pa vaan a um deihzawng bawlte chu a luut diing uhi." Jakob 1:25 in hichiin a chi hi, "Hizongleh koipouh zalenna daan bukim ena, hua um jinga, mangngilhhaat thungaikhia hilou a, thu tongtu hizaw chu, hu mi chu a natoh ah vangpiaahin a um diing hi."

Pathian lungsiatna leh gualzawlna i tan theihna diingun, Hagau Siangthou gahte bang ahiai chih i heetsiam va, lungsim a i koih va, huleh Pathian Thu juia huh gahte i suang ngeingei uh a poimoh hi. Hagau Siangthou gahte thutah bukim bawl a i suang chiangun, thutah ah zalenna dihtah i tang diing uhi. Hagau Siangthou aw chiangtahin i he diing va huleh i lampi zousiah vah mapui in i um diing va, huchiin lam chinteng ah i khangtou diing uhi. Hih leitung leh Jerusalem Thah, i ginna zotna mun uh, ah zahna loupitah na tan chiat uh chu Lalpa min a ka haamteina ahi.

A Gialtu:
Dr. Jaerock Lee

Dr. Jaerock Lee chu Muan, Jeonam Province, Republic of Korea ah 1943 kum in a piang hi. Kum sawmnih ahihnungin, Dr. Lee chu suhdamtheihlouh natna tampi kum sagih sung a thuaah, huleh damdohna diing kinepna um lou in sih diing ngaah in, a um hi. Kum 1974 in khokhal laiin ni khat a sanggamnu'n biaahinn a pui hi huleh khupdin a a thum chiangleh, Pathian Hing in a natna jousiah apat in a damsah veh hi.

Hutobang siltuaah toh Dr. Lee in Pathian Hing a muh toh kiton in ama'n Pathian a lungtang leh a chihtahna jousiah toh a lungsiat a, huleh 1978 kum in Pathian suaah diing a kouh in a um hi. Ama'n Pathian deihzawng kichiantah a a heettheihna diing leh a suhbichintheihna diing leh Pathian Thute a man veh theihna diingin chihtahtahin a thum hi. 1982 kum in, Manmin Central Kouhtuam, Seoul, Korea ah a phutdoh hi, huleh Pathian natohna simseenglouh, limdangtah a suhdamna leh silmahte zong tel in, a biaahinn ah a tung hi.

1986 kum in, Dr. Lee in Korea a Jesus' Sungkyul Kouhtuam a Kumtawp Khawmpi ah pastor a ordained ahi a, huleh kum li zou in 1990 kum in, a thusoite Australia, Russia, Phillipines leh a dang tampi a Far East Broadcasting Company, Asia Broadcast Station, leh Washington Christian Radio System tungtawn in hahdoh ahi.

Kum thu zohin 1993 kum in, Manmin Central Kouhtuam chu Christian World tanchinbu in (US) in 'World's Top 50 Churches (Khovel a Kouhtuam Lian 50 te)' lah a khat in a teldoh hi huleh ama'n Honorary Doctorate of Divinity, Christian Faith College, Florida, USA apat a ngah hi, huleh 1996 kum in Kingsway Theological Seminary, Iowa, USA ah Ph. D in Ministry a la hi.

1993 apat in Dr. Lee in tuipi gaal lam gamte, Tanzania, Argentina, L.A., Baltimore Khopi, Hawaii, leh USA a New York Khopi, Uganda, Japan, Pakistan, Kenya, Philippines, Honduras, India, Russia, Germany, Peru, Democratic Republic of the Congo, leh Israel a chialpina a bawlna tungtawn in world mission ah lamkaihna a la hi. Uganda a chialpina bawlna chu CNN ah lah in a um hi, huleh Israel Chialpina, ICC, Jerusalem a a bawlna ah, Jesu Khrist chu Messiah ahi chiin a puang hi. 2002 kum in amah chu a tuipi gaal gamte a Great United Chialpinate a a nasepna jiahin "worldwide pastor (khovel pumpi pastor)" chiin Korea Khristian tanchinbute liante'n a minvoh uhi.

July 2016 tan ah, Manmin Central Kouhtuam in kouhtuam membar 120,000 vaal a nei hi. Gamsung leh tuipi gaal ah kouhtuam 9,000 khovel pumpi huap in a nei a, hu lah ah kouhtuam kahiang 54 Korea khopilian tuamtuam ah a um hi, huleh missionary 137 valte gam 23, United States, Russia, Germany, Canada, Japan, China, France, India, Kenya, leh adang tampi telin a sawldoh hi.

Hi lehkhabu kisuahdoh hun tan in, Dr. Lee in lehkhabu 63, a kizuaahdoh tampen (bestsellers) Sih Ma A Kumtuang Hinna Cheplawhna (Tasting Eternal Life Before Death), Ka Hinkhua Ka Ginna I &II (My Life My Faith I&II), (Kross in a Thusoi (The Message of the Cross), Ginna Buuhna (The Measure of Faith), Vaangam I &II (Heaven I & II), Meidiil (Hell) huleh Pathian Silbawltheihna (The Power of God), tel in a gial hi. A lehkha gelhte haam 73 valin lehdoh ahi.

A Khristian thugelhte, The Hankook Ilbo, The JoongAng Daily, The Dong-A Ilbo, The Munhwa Ilbo, The Seoul Shinmun, The Kyunghyang Shinmun, The Hankyoreh Shinmun, The Korea Economic Daily, The Korea Herald, The Shisa News, leh The Christian Press ah ahung tuang hi.

Dr. Lee chu tu leh tu in missionary pawl leh pawlpi tampi ah, A Lu (Chairman), The United Holiness Church of Jesus Christ; Lamkailian (President), Manmin World Mission; Lamkailian Hi Tawntung (Permanent President), The World Christianity Revival Mission Association; Mudohtu (Founder), Manmin TV; Mudohtu (Founder) & Board a, A lu (Chairman), Global Christian Network (GCN); Mudohtu (Founder) & Board a, A lu (Chairman), World Christian Doctors Network (WCDN); leh Mudohtu (Founder) & Board a, A lu (Chairman), Manmin International Seminary (MIS)te hihna a tu hi.

www.ingramcontent.com/pod-product-compliance
Lightning Source LLC
LaVergne TN
LVHW010205070526
838199LV00062B/4506